팔선생의 비법전수 *가뿐하게*

TSC 달성하기
4급 모의고사

①

CARROT HOUSE
中国北京市通州区大运河开发区运河明珠2号楼2单元2172

TSC 가볍게 달성하기 4급 모의고사 1
ⓒ CARROT HOUSE

All rights reserved. No part of this publication may be reproduced, stored in a retrieval system, or transmitted, in any form or by any means, without the prior permission in writing of CARROT HOUSE.

First published July 2014

Author : Carrot Language Research & Development

ISBN : 978-89-6732-132-1

Printed and distributed in Korea
9th Fl., Daenam Building, 199, Nonhyeon-dong
Gangnam-gu, Seoul, South Korea 135-827

목차

TSC에 대해서	4
이 책의 구성	6
TSC 4급 진단지	8
Part 1 실전 모의고사	9
실전 모의고사 1	10
실전 모의고사 2	34
실전 모의고사 3	58
실전 모의고사 4	82
실전 모의고사 5	106
Part 2 실전 모의고사 답안	131

TSC에 대해서

1. TSC 소개

TSC(Test of Spoken Chinese)는 '중국어 말하기 시험'으로, 중국어 학습자의 말하기 능력을 직접적으로 평가하는 실용적인 시험이다. 일상 생활의 다양한 상황을 소재로 인터뷰 형식으로 구성되어 있다. 시험의 전반부는 쉬운 난이도로 시작되며, 후반부로 갈수록 난이도는 서서히 높아진다.

2. 구성 및 형식

7부분, 26문항, 시험시간 총50분

구분	구성		문항수	생각할 시간(초)	답변시간(초)
제1부분	自我介绍	간단한 자기소개하기	4	0	10
제2부분	看图回答	제시되는 그림에 맞도록 답하기	4	3	6
제3부분	快速回答	일상생활과 관련된 화제에 대해 대화 완성하기	5	2	15
제4부분	简短回答	일상적인 화제에 대해 간단하게 설명하기	5	15	25
제5부분	拓展回答	의견과 생각을 묻는 질문에 논리적으로 답하기	4	30	50
제6부분	情景应对	주어진 상황에 적절히 대응하여 답하기	3	30	40
제7부분	看图说话	4개의 연속된 그림을 보고 스토리 구성하기	1	30	90

3. 레벨 설명

등급		
최상급	10등급	고급 수준의 화제에 대해서도 논리적으로 유창하게 말할 수 있다. 풍부한 어휘력을 갖추고 있는 것은 물론 사자성어와 관용어를 구문 안에서 적절히 사용할 수 있고 대체적으로 어법에서도 실수가 없는 편이다. 발음과 억양 등이 자연스러우며 모국어의 영향이 아주 적다.
고급 上	9등급	대부분의 일반적인 화제에 적극적으로 대처하고 참여할 수 있으며 자세하게 설명할 수 있는 능력을 갖추고 있다. 고급 수준의 화제에 대해 자신의 의견을 논리적으로 전개할 수 있지만 이런 경우 어법이나 단어 사용에서 약간의 실수가 나타나기도 한다. 그러나 이해하는 데에는 전혀 영향을 주지 않는다. 관심 분야에 관해서는 폭넓은 어휘력을 갖추고 있으며 필요에 따라 문형과 표현 방법을 바꾸어 의사를 전달할 수도 있다. 모국어의 영향이 적고 유창하게 말할 수 있다.
고급 中	8등급	대부분의 일반적인 문제에 비교적 분명하고 명료하게 어느 정도의 설득력을 갖추고 자신의 의견을 표현해 낸다. 그러나 논리적으로 의견을 제시할 때에는 말하는 속도가 떨어지고 어법 상의 실수를 하기도 한다.
고급 下	7등급	일반적인 화제에 대해 적극적으로 자신감을 갖고 대응할 수 있다. 익숙하지 않은 화제나 분야에 대해서도 어느 정도 답변이 가능하지만 실수가 눈에 띄게 늘어나고 유창함이 떨어진다.
중급 上	6등급	일반적인 화제에 대해 적절히 대응할 수 있고 그 중 익숙한 내용에 대해서는 구체적으로 답할 수 있으며 내용도 충실한 편이다. 그러나 고급 수준의 어법 구조는 충분히 파악하지 못하고 있기 때문에 말을 머뭇거리고 중간에 멈춰버리기도 한다.
중급 中	5등급	자신의 관심분야 등과 같은 일반적인 화제에 대해 구체적으로 답변할 수 있고 기본적인 사회활동을 하는 데 큰 문제가 없다. 일반적인 화제 가운데서도 익숙한 화제나 경험에 대해서는 짧지만 구체적으로 설명할 수 있다. 기본적인 어법과 자신과 관련된 어휘들은 잘 알고 있지만 사용 상의 실수가 약간 보이고 여전히 중간에 머뭇거린다. 그러나 대체로 의미 전달에 영향을 미치지는 않는다. 모국어의 영향이 남아 있지만 익숙한 내용에 대해서는 적당한 속도로 말할 수 있다.
중급 下	4등급	자신과 관련된 화제와 말하기에 익숙한 내용에 대해 의사 소통이 가능하며 기초적인 사회활동에 필요한 대화를 할 수 있다. 자주 쓰는 단어와 기본적인 어법을 사용할 수 있지만 종종 실수를 하고 말하는 속도가 약간 느리다. 모국어의 영향이 여전히 강한 편이지만 외국인이 말하는 중국어에 익숙한 호의적인 중국인이라면 이해할 수 있다.
초급 上	3등급	자신과 관련된 화제 중에서도 자주 접하는 질문에 간단하게 대답할 수 있고 제한된 일상적인 화제에 대해서 아주 간단한 단어와 기초적인 어법에 맞춰 구성한 간단한 문장으로 다른 사람과 대화할 수 있다. 발음과 성조가 부정확하고 어휘가 부족하며 모국어의 영향도 강하지만 외국인이 말하는 중국어에 익숙한 중국인이라면 이해가 가능하다.
초급 中	2등급	자신과 밀접하게 관련된 화제 중에서도 자주 접하는 질문에 대해서는 간단하게 대답할 수 있다. 학습한 단어와 구를 이용하여 제한적이고 기초적인 의사소통이 가능하다. 아주 간단한 문장을 만들어 내기도 하지만 이 수준을 꾸준히 유지하지 못하며 어법 지식과 어휘도 상당히 부족하다. 모국어의 영향도 강하게 남아 있어 중국어를 모국어로 하는 사람도 이해하기가 힘들다.
초급 下	1등급	이름, 나이 등 자신과 밀접하게 관련된 질문과 간단한 인사말만 겨우 말할 수 있으며, 암기한 단어와 짧은 구 등 극히 한정된 표현으로만 아주 간단하게 대답할 수 있는 정도의 수준이다. 말하는 속도가 매우 느리고 중간에 말을 자주 멈추며 내용도 불완전하다. 모국어의 영향이 상당히 강하게 남아 있어 외국인과의 대화에 익숙한 중국인도 이해하기가 어렵다.

4. TSC 공략 방법

1) 답변 공략 방법

* **큰 소리로 대답하기**
  소리가 작아 알아듣기 힘들면 정확한 레벨 판단이 불가능한 경우가 있다. 목소리가 작으면 발음이 불분명하기 때문에, 올바른 평가를 받기가 어렵다. 따라서, 평소에 스스로 녹음 방식으로 연습함으로써 자신의 발음과 문법적인 실수를 고치도록 한다.

* **질문 의도 잘 이해하기**
  질문의 의도와 다른 대답을 하면, 아무리 많은 양의 발화를 하더라도 좋은 점수를 받을 수 없다. 짧은 문장이라도 질문의 핵심에 맞는 대답을 하도록 해야 한다.

* **주어진 시간 최대한 활용하기**
  주어진 시간을 최대한 활용하되, 답변시간 내에 의견을 모두 발화할 수 있도록 시간 배분을 잘 한다. 본 교재 활용 시, 준비시간 및 답변시간을 지켜 시간을 배분하는 연습을 하도록 한다.

2) 부분별 공략 방법

1부분 답변시간 10초	이름, 생년월일, 가족, 학교(직장)에 대해 정확하게 답변하는 것이 중요하다.
2부분 답변시간 6초	질문을 사용하여 대답하는 것이 가장 안전하다. 예) 问题：他们在做什么？/ 回答：他们在唱歌。 2부분은 답변시간이 짧다. 따라서, 질문 내용과 무관한 말을 많이 하여 대답할 시간이 부족해지지 않도록 주의해야 한다. 2부분에서는 많이 말하는 것보다 실수가 없도록 정확하게 말하는 것이 중요하다.
3부분 답변시간 15초	그림을 보고 그림의 내용을 설명하는 것이 아니라 질문을 듣고 질문에 맞게 정확하게 답변을 하는 형식으로, 제3자의 입장이 아닌 자신의 입장에서 말을 해야 한다. 또한 자신이 질문의 의도를 이해했다는 것을 듣는 사람이 알 수 있도록 분명하게 답변해야 한다. 예) 问题：下星期我要去国外旅行。 回答1：是吗。 ☞ 답변1의 경우, 답변이 너무 간단하여 질문을 이해한 것인지 판단하기 어렵다. 回答2：祝你一路顺风。你要去那个国家？ ☞ 답변2를 보면 질문을 이해하고 대답한 것임을 알 수 있다.
4부분 답변시간 25초	**고득점을 위해서는** 첫째, 질문을 잘 듣고 질문에 맞는 대답을 해야 한다. 동문서답을 했을 경우 아무리 답변을 잘하더라도 좋은 점수를 받을 수 없다. 둘째, 본인의 생각을 묻는 질문들이 많으므로 주어진 시간을 최대한 이용하여 가능한 한 충분히 설명해야 하며, 완전한 문장으로 말해야 한다. 셋째, 누가 들어도 어떤 내용을 말하고 있는지 이해할 수 있도록 설명해야 한다. 평소에 발음, 성조, 문법, 시제 등을 주의하며 말하기 연습을 한다면 점차 말하기 실력이 좋아질 것이다. 문장 간의 연관성도 매우 중요하다. 많은 학생들이 접속사를 사용하지 않은 채 여러 개의 문장을 단순히 나열하는 식으로 답변을 하는 경우가 있는데, 이런 경우는 어구가 서로 연관되지 않고 전체적인 답변의 구성이 완전하지 못한 느낌을 주게 된다.
5부분 답변시간 50초	5부분은 주어진 시간 안에 자신의 생각을 논리적으로 전달해야 한다. 따라서 듣는 사람이 답변의 내용을 이해할 수 있도록 조리 있게 말하는 것이 매우 중요하다. 매 문항마다 답변을 생각하는 시간은 30초, 답변시간은 50초로 한정되어 있기 때문에 시간을 잘 활용하기 위해서는 먼저 자신의 의견을 말한 뒤 그 의견을 뒷받침하는 부연설명을 하고, 마지막으로 다시 한번 자신의 생각을 짧게 정리해서 강조하는 것이 좋다. 발화 시 기본적인 문법을 정확히 사용하는 것 이외에 적절한 관용어나 성어 등 난이도가 있는 어휘나 구문을 사용하면 보다 높은 등급을 받을 수 있다.
6부분 답변시간 40초	6부분에서 중요하게 평가하는 점은 두 가지이다. 첫 번째는 자신이 어떠한 상황에 처했다고 가정을 하고 그 상황에 맞게, 상대방과 대화를 하듯이 답변을 하는 것이다. 두 번째는 문제가 요구하는 과제를 모두, 정확하게 달성했는가 하는 것이다. "차가 자주 고장이 나는 것에 대해 항의하고 문제를 해결해 보세요"라는 과제에 대해 항의뿐만 아니라 문제 해결책까지 말해야 비로소 완전한 답변이라고 할 수 있다.
7부분 답변시간 90초	포기하지 말고 주어진 시간을 잘 할애하여 각각의 그림을 하나의 완전한 이야기로 구성하여 말하도록 한다. 그림의 내용을 모르는 제3자가 들어도 그 상황을 이해할 수 있도록 설명할 수 있어야 하며, 설명을 할 때는 제3자의 입장에서 설명하도록 한다.

★ 3) 중국어 중급자의 TSC 4급 공략 방법

연습을 통해 논리적이고 정확하게!!

* **TSC 전체 부분 중, 3부분~5부분 집중 패턴 연습하기**
  * 전 부분 공통 전략: 답변 시, 답변 시간을 충분히 활용하도록 한다.
  * 3부분: 생활 전반에 걸친 인사, 쇼핑, 축하, 거절 등의 표현을 익힌다.
  * 4부분: 질문의 의도에 맞는 답변을 도입 – 전개 – 마무리로 논리적으로 완성한다.
  * 5부분: 기본적인 문법을 정확하게 사용하는 것 이외에 적절한 관용어나 성어 등 난이도가 있는 어휘나 문구를 사용한다.
* TSC 4급과 3급의 차이는 정확성이다. 본교재 예시답안에서 제시하는 '모범 답안 공식'을 익힌 후 정확도 높은 답변이 가능하도록 연습한다.
* TSC 4급의 유창성과 어법, 어휘, 발음은 신HSK 5급의 수준이다. 단순 단어 암기가 아닌, 자주 출제되는 에피소드 관련 단어 및 표현을 확장하도록 한다. (*TSC 4급: 약 1200 단어)

이 책의 구성

1 TSC 4급 진단지

시험을 보기에 앞서 자신의 실력을 진단할 수 있는 TSC 4급 진단지이다. (TSC 4급 획득 안전 점수: 50점 / 100점)
평가 영역과 기준은 다음과 같다.

평가영역	평가 방법	평가 기준
词语	단어 읽기	5점(10점): 발음이 정확함, 문제를 모두 정확하게 이해하며 어법에 틀림없이 대답 가능
口语	질문에 대답하기	4점(8점): 발음이 비교적 정확함, 질문에 정확하지는 않지만 간단한 문장으로 대답 가능 3점(6점): 발음이 부정확함, 짧은 문장으로 대답 가능
语法	질문에 본인의 상황에 맞게 대답하기	2점(4점): 대부분의 발음에 오류가 있음, 3~4개 단어로 대답 가능 1점(2점): 질문을 정확하게 이해하지 못하며, 발음이 부정확함. 1~2개 단어로 대답 가능 0점(0점): 질문에 전혀 대답하지 못함
阅读	문장을 읽고 임의로 선택된 문장 해석하기	*语法: 10점 만점 기준

2 TSC 4급 실전 모의고사 5세트

130제의 풍부한 실전연습문제로 실제 시험 적응력을 높이도록 구성되었다. 매년 새로운 형태의 문제가 제시되기는 하지만, 기출 문제가 반복적으로 출제되고 있다. 이를 주제별로 분석하여 시간, 날짜, 계절, 날씨, 습관, 취미, 운동, 음악, 여행, 쇼핑, 가정, 친구, 학교, 은행, 설득, 부탁, 불평제기 및 해결책 요구, 감동, 황당 등의 자주 출제되는 에피소드로 문항을 구성했다.

* **TSC 第一部分 自我介绍**
  출제 범위: 이름, 생년월일, 가족 수, 소속 기관

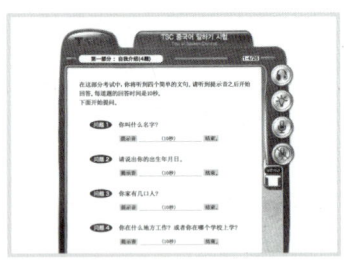

* **TSC 第二部分 看图回答**
  출제 범위: 날짜, 요일, 계절, 날씨, 시간, 가격, 나이, 번호, 무게, 길이, 위치, 존재, 장소 등

* **TSC 第三部分 快速回答**
  출제 범위: 동작, 감정, 축하, 감사 사과, 만남, 헤어짐, 안부, 상태 등

* **TSC 第四部分 简短回答**
  출제 범위: 성격, 취미, 운동, 습관, 영화, 음악, 쇼핑, 회사, 출장, 친구, 학습 등

* **TSC 第五部分 拓展回答**
  출제 범위: 전화, 컴퓨터, 은행, 사회문제, 회사생활, 정치, 경제 등

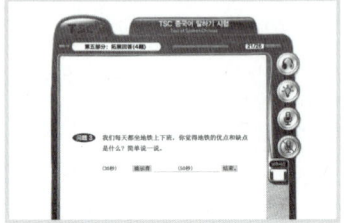

* **TSC 第六部分 情景应对**
  출제 범위: 약속, 서비스, 주문취소, 부탁, 격려, 설득, 상의, 사과, 축하 등

* **TSC 第七部分 看图说话**

출제 범위: 감동, 황당, 반전, 놀람, 항의 등

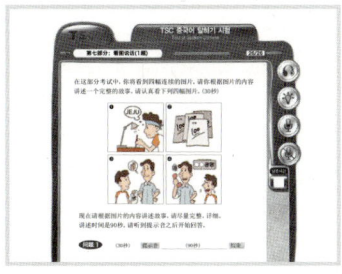

3 TSC 4급 실전 모의고사 해답

1 질문 "韩流"是怎么形成的?

예시답안 现在越来越多的人喜欢看韩剧, 他们通过韩国电视剧了解韩国的文化, 所以越来越多的人对韩国文化感兴趣, 也因此韩国的明星, 韩国的东西在中国有人气很高, 非常流行, 这也就形成了"韩流"。

한글해석 질문: '한류'는 어떻게 형성되었습니까?

예시답안: 현재 점점 많은 사람들이 한국 드라마를 즐겨보고 있습니다. 그들은 한국 드라마를 통해 한국 문화를 이해하게 되었고, 한국 문화에 관심을 갖게 되었습니다. 또한 그로 인해 한국의 스타, 한국 물건이 중국에서 매우 인기가 있고, 유행합니다. 그래서 '한류'가 형성되었습니다.

단어
- 形成 [xíngchéng] 동 형성되다
- 了解 [liǎojiě] 동 이해하다
- 因此 [yīncǐ] 접 이로 인해, 그래서
- 人气 [rénqì] 명 인기
- 流行 [liúxíng] 동 유행하다

Tip '越来越~'는 '갈수록 ~하다, 점점 더 ~하다'의 의미로 시간이 지남에 따라 정도가 증가한다는 것을 나타내며, '越~越~'는 '점점, 더욱더, 한층 더'의 의미로 어떤 조건의 변화에 따라 변화됨을 나타낸다.

예시답안

중국어 중급 학습자의 수준에 맞추어 중고급 어휘로 답변을 구성하였다.

문제의 요점에 충실하면서, TSC에서 고득점을 보장하는 논리적인 답변의 틀에 맞춘 예시답안으로 고득점 획득 스킬이 반영되어 있다.

단어

안정적인 4급 정착 및 5급으로의 도전을 위해서 꼭 외워두어야 할 TSC 핵심 어휘를 정리하였다.

자주 출제되는 에피소드와 관련된 핵심 어휘이므로, 반드시 외우고 실전에서 응용이 가능하도록 자신만의 모범답안을 만들어 보도록 하자.

Tip

예시답안에서 중요한 어휘 및 성어, 속담을 정리하였다.
TSC 중고급 레벨을 획득하기 위해서는 사자성어 및 속담을 효과적으로 사용하는 것이 필요하다. Tip에서 정리한 표현을 실전에서 응용가능하도록 연습하자.

TSC 4급 진단지

날짜:	이름:		
영역	문항	점수	비고
词语	① 保健(bǎojiàn)	5	
	② 消除(xiāochú)	5	
	③ 剥掉(bōdiào)	5	
	④ 难度(nándù)	5	
口语	① 你能介绍一下韩国的传统服饰和它的含义吗?	5	
	② 你自己的理想职业是什么?	5	
	③ 你购买过哪些名牌?	5	
	④ 你发生过或者见过交通故事吗?	5	
语法	① 去中国旅行的好处是什么?	10	
	② 说说你知道的有名的中国电影导演。	10	
	③ 韩国的家庭一般谁来做饭?	10	
	④ 中国的假期为什么这么长?	10	
阅读	① wǒ men yào qǔ cháng bǔ duǎn ma. 我们要取长补短嘛。	5	
	② shí fēn bào qiàn gěi nǐ dài lái le bú biàn. 十分抱歉给你带来了不便。	5	
	③ cóng xià gè xīng qī kāi shǐ wǒ jiù diào dào xīn de bù mén le. 从下个星期开始我就调到新的部门了。	5	
	④ nà tiáo jiàn jiǎn zhí shì wú kě tiāo tī le. 那条件简直是无可挑剔了。	5	
총점			

Part 1
실전 모의고사

연습을 통해 논리적이고 정확하게!!

실전 모의고사 1

第一部分：自我介绍(4题)　　　　　　1-4/26

在这部分考试中，你将听到四个简单的文句。请听到提示音之后开始回答。每道题的回答时间是10秒。
下面开始提问。

问题 1　你叫什么名字?

提示音　　　(10秒)　　　结束。

问题 2　请说出你的出生年月日。

提示音　　　(10秒)　　　结束。

问题 3　你家有几口人?

提示音　　　(10秒)　　　结束。

问题 4　你在什么地方工作？或者你在哪个学校上学？

提示音　　　(10秒)　　　结束。

第三部分：快速回答(5题)

在这部分考试中，你需要完成五段简单的对话。这些对话出自不同的日常生活情景，在每段对话前，你将看到提示图。请尽量用完整的句子来回答，句子的长短和用词将影响你的分数。请听例句。

问题：　老张在吗？
回答1：　不在。
回答2：　他现在不在，你有什么事儿吗？要给他留言吗？

两种回答都可以，但第二种回答更完整更详细，你将得到较高的分数。请听到提示音之后开始回答问题。每道题的回答时间是15秒。
下面开始提问。

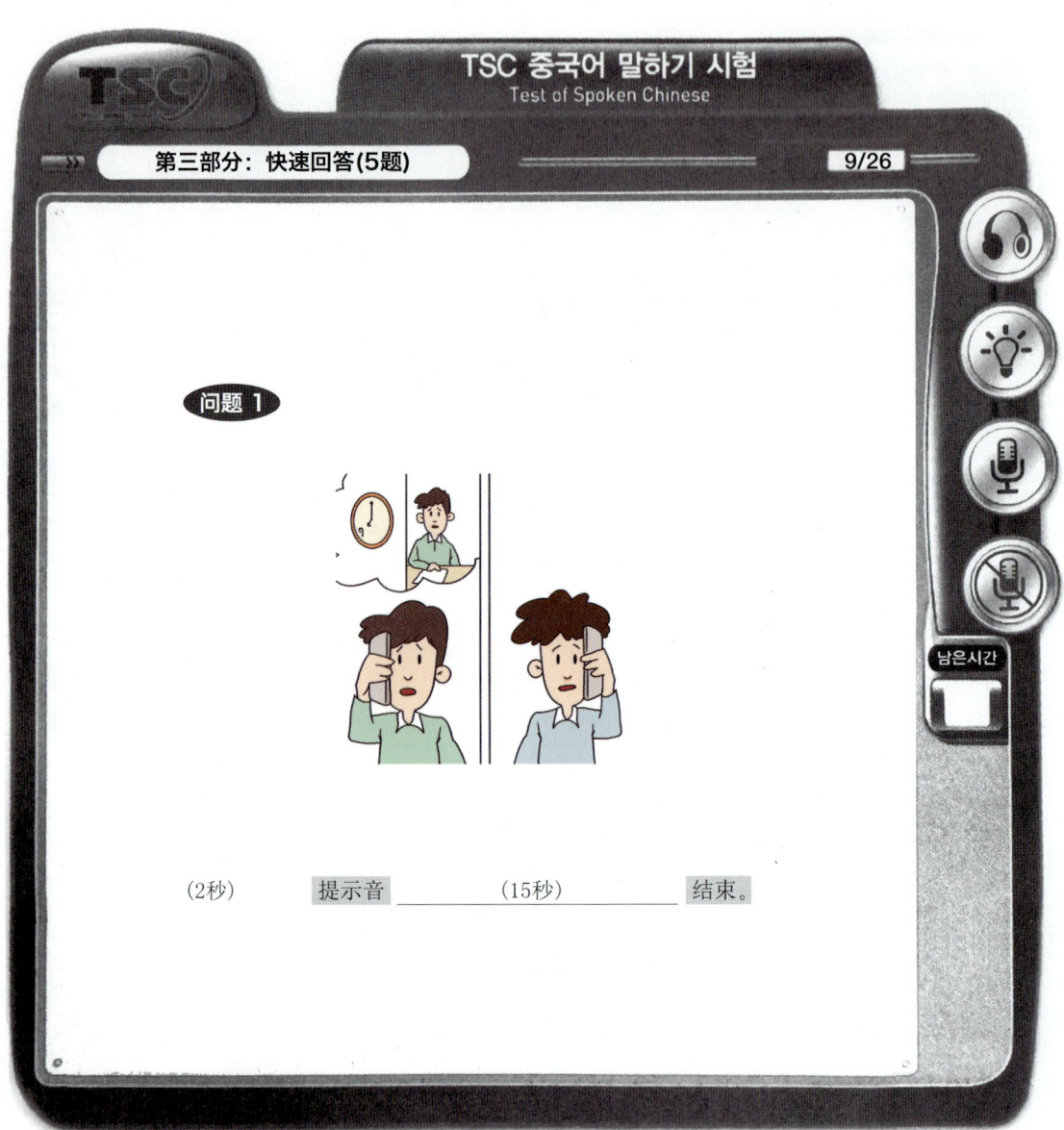

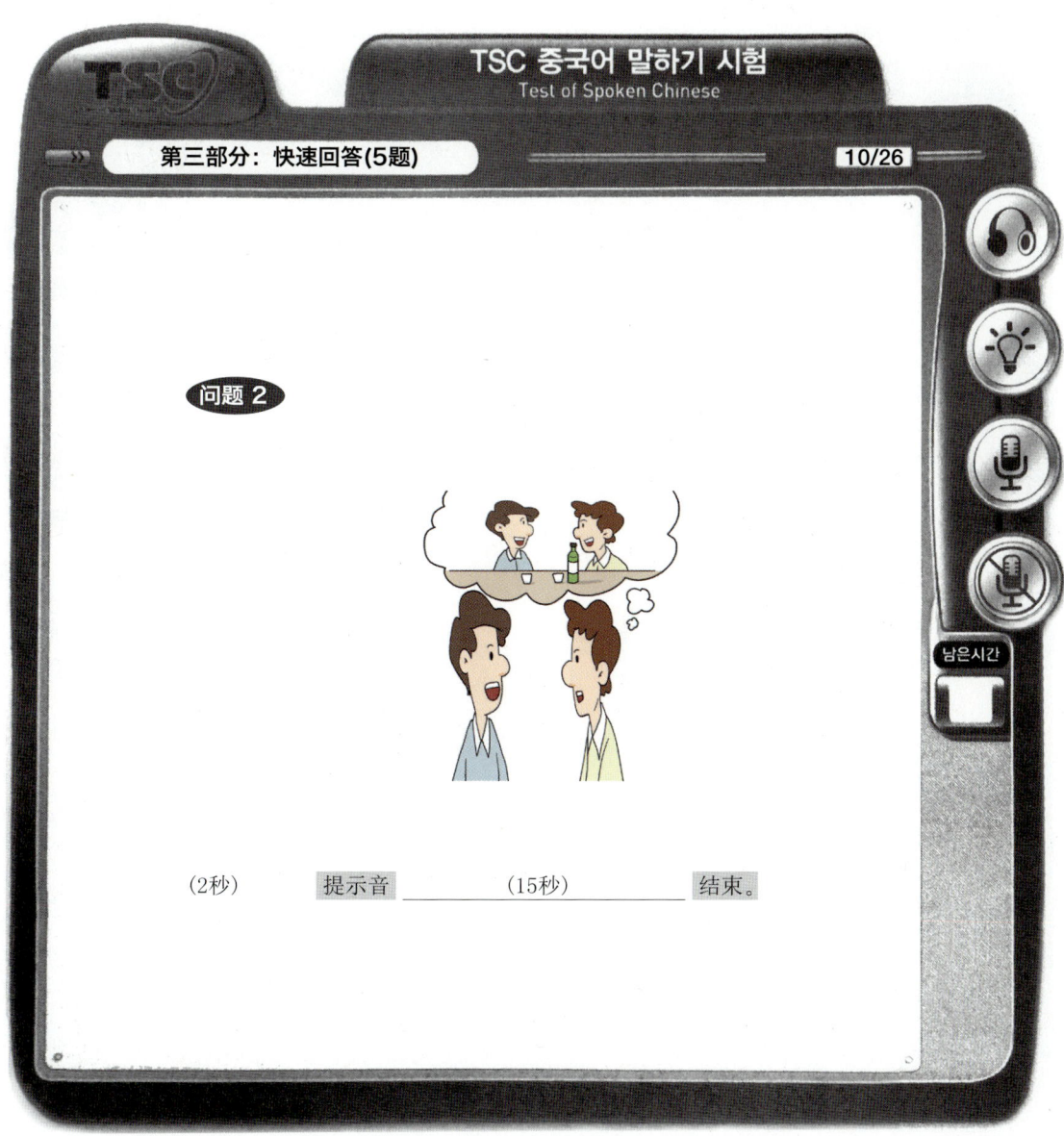

第四部分：简短回答(5题)

在这部分考试中，你将听到五个问题。请尽量用完整的句子来回答，句子的长短和用词将影响你的分数。请听例句。

问题： 会餐时一般吃什么？
回答1： 一般吃五花肉。
回答2： 我喜欢去烤肉店吃五花肉。因为五花肉又便宜又好吃。
一边吃五花肉，一边喝酒。
不仅可以放松一下，而且也可以解除压力。

两种回答都可以，但第二种回答更完整更详细，你将得到较高的分数。请听到提示音之后开始回答问题。每道题请你用15秒思考，回答时间是25秒。
下面开始提问。

 "韩流"是怎么形成的？

(15秒)　　提示音　　　　　(25秒)　　　　结束。

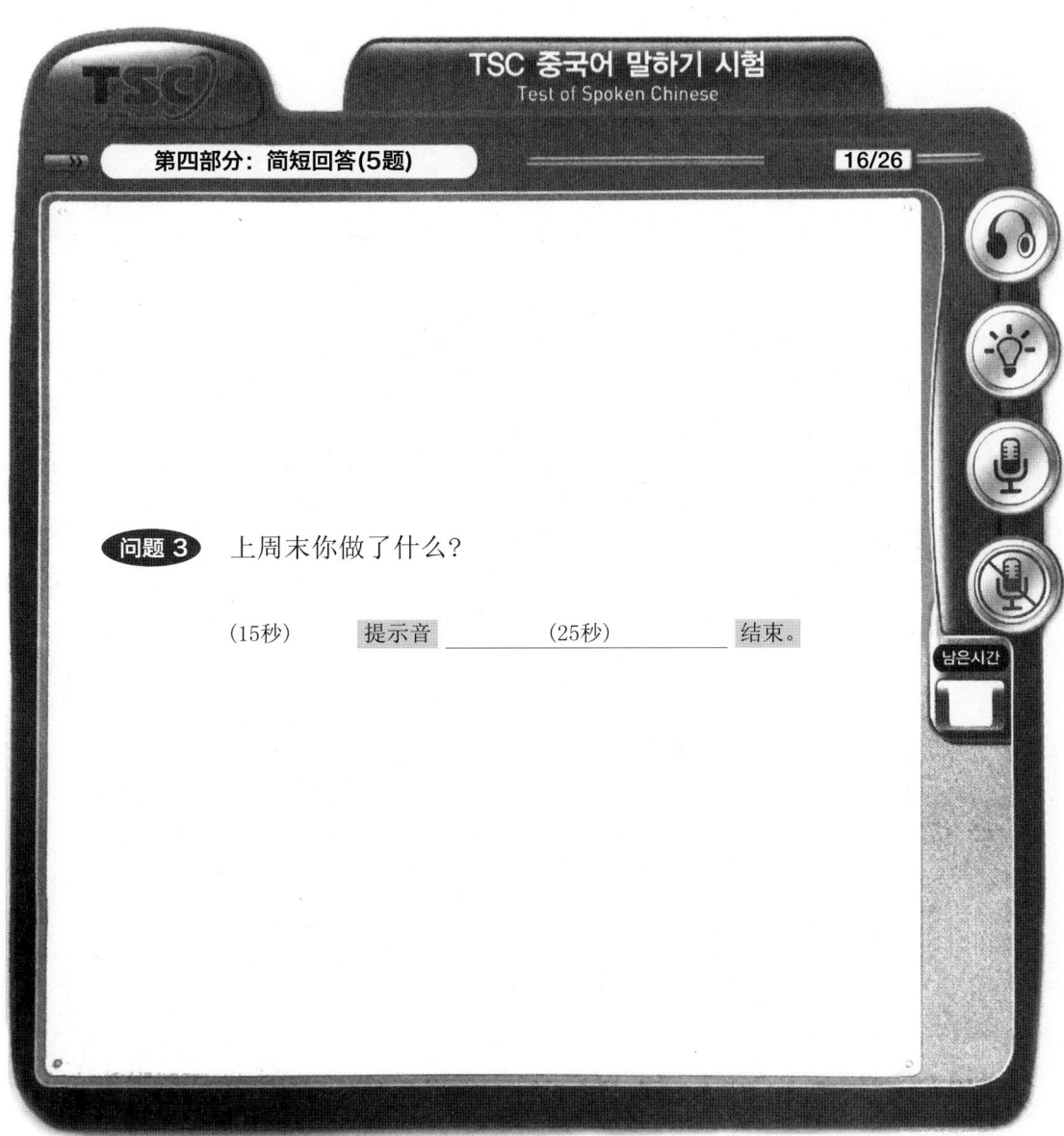

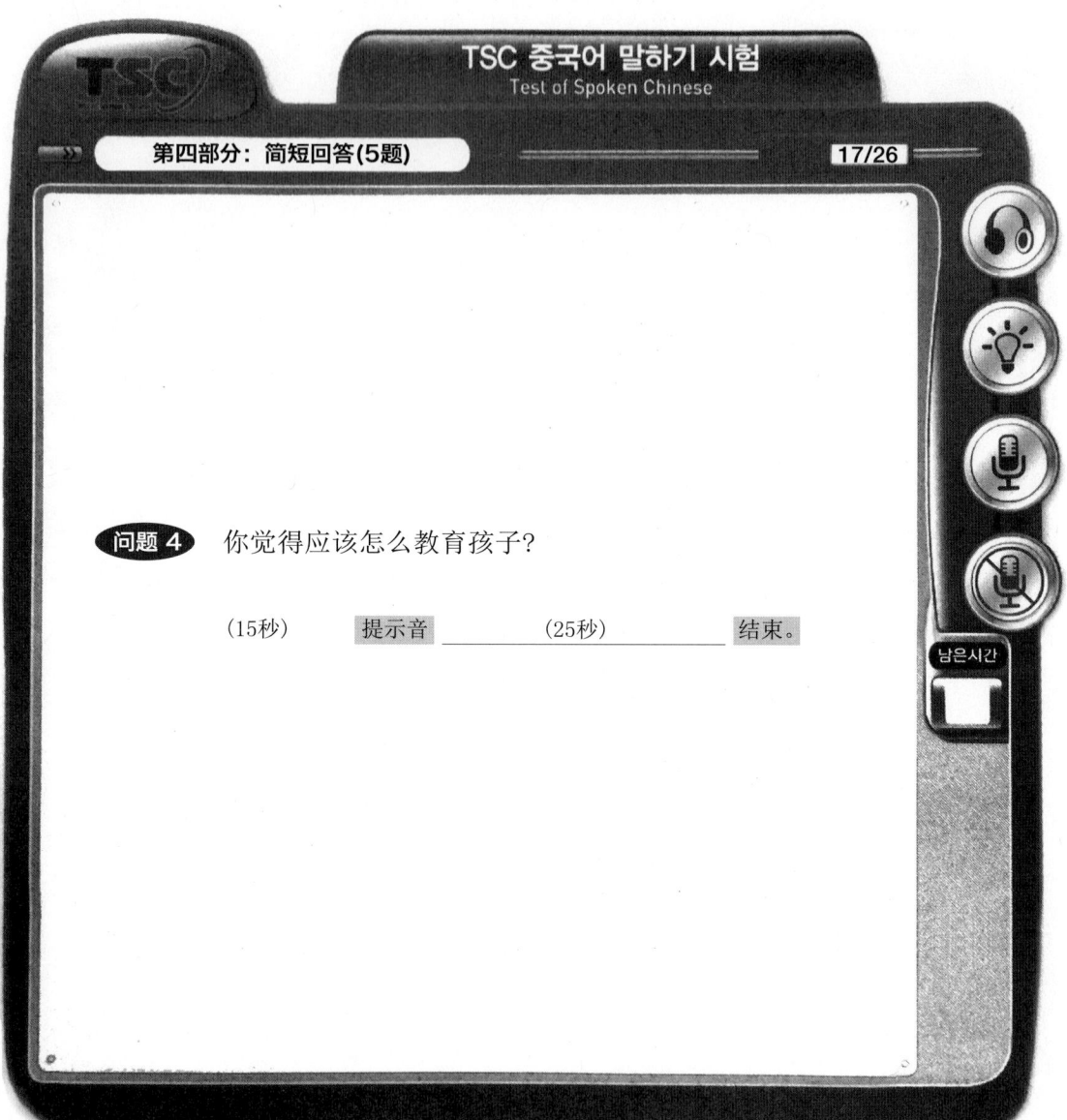

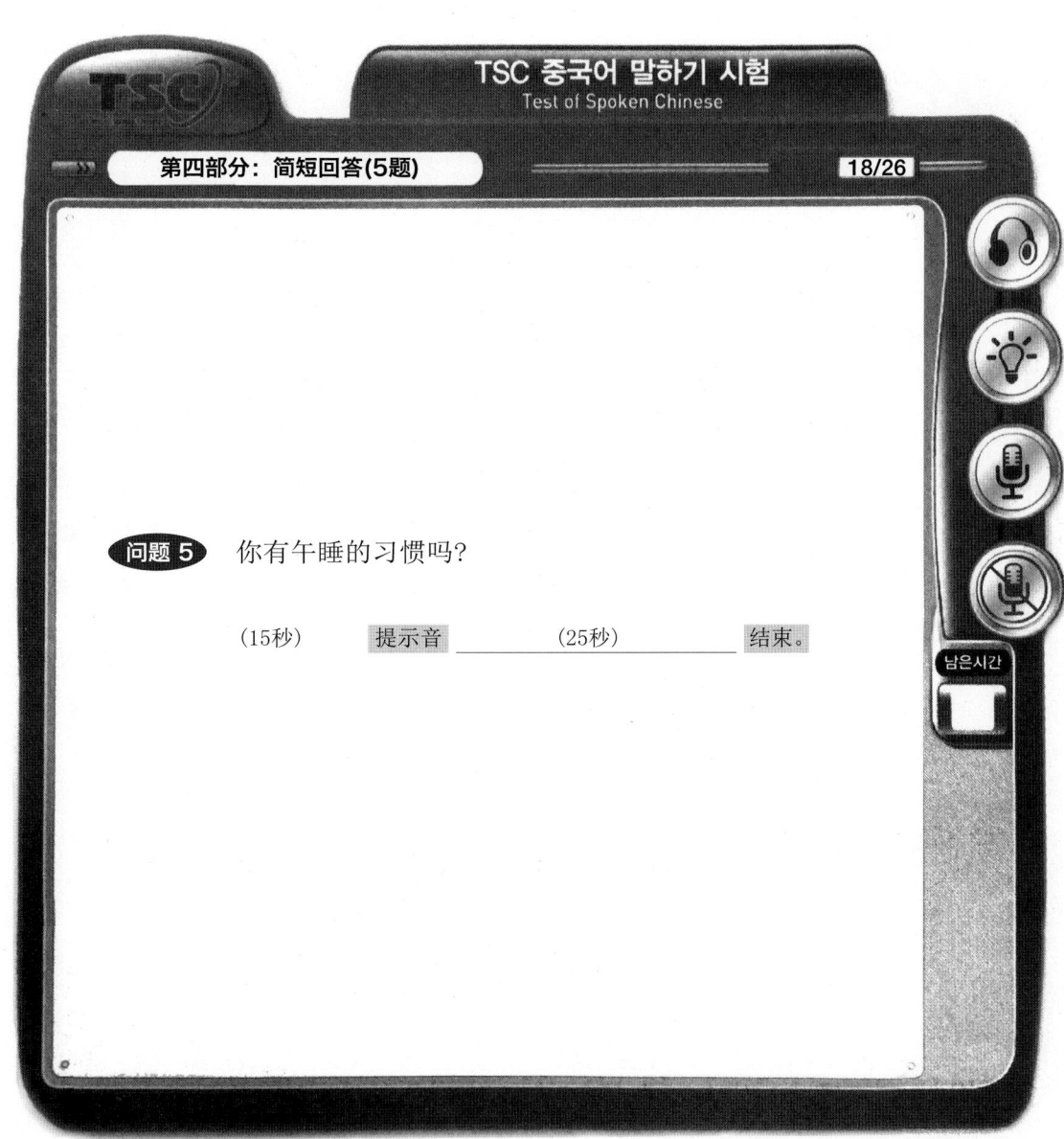

TSC 중국어 말하기 시험
Test of Spoken Chinese

第五部分：拓展回答(4题)   19/26

在这部分考试中，你将听到五个问题，请发表你的观点和看法。请尽量用完整的句子回答，句子的长短和用词将影响你的分数。请听例句。

问题：　你喜欢喝茶还是喝咖啡？
回答1：　我喜欢喝咖啡。
回答2：　我喜欢喝咖啡。我特别喜欢跟朋友见面的时候一起去喝咖啡。一边喝咖啡，一边和朋友聊天，很有意思。

两种回答都可以，但第二种回答更完整更详细，你将得到较高的分数。请听到提示音之后开始回答问题。每道题请你用30秒思考，回答时间是50秒。
下面开始提问。

问题 1　最近韩国很流行电视购物，
　　　　　说说你对电视购物的想法。

(30秒)　　提示音　　　　(50秒)　　　　结束。

第六部分：情景应对(3题)　　　　　　　　　　　　23/26

在这部分考试中，你将看到提示图，同时还将听到中文的情景叙述。假设你处于这种情况之下，你将如何应对。请尽量用完整的句子来回答，句子的长短和用词将影响你的分数。请听到提示音之后开始回答问题。每道题请你用30秒思考，回答时间是40秒。下面开始提问。

问题 1

你妹妹要来北京工作，但是你公司临时有事，无法去机场接机。你拜托你的朋友去接机。请你描述一下你妹妹是什么样的人？

(30秒)　　提示音　　　　(40秒)　　　　结束。

第六部分：情景应对(3题)

问题 3

你是地铁站播音室的负责人，下车时，一位女士和她的孩子走散了。请播出寻找儿童的广播。

(30秒)　提示音　　　　(40秒)　　　　结束。

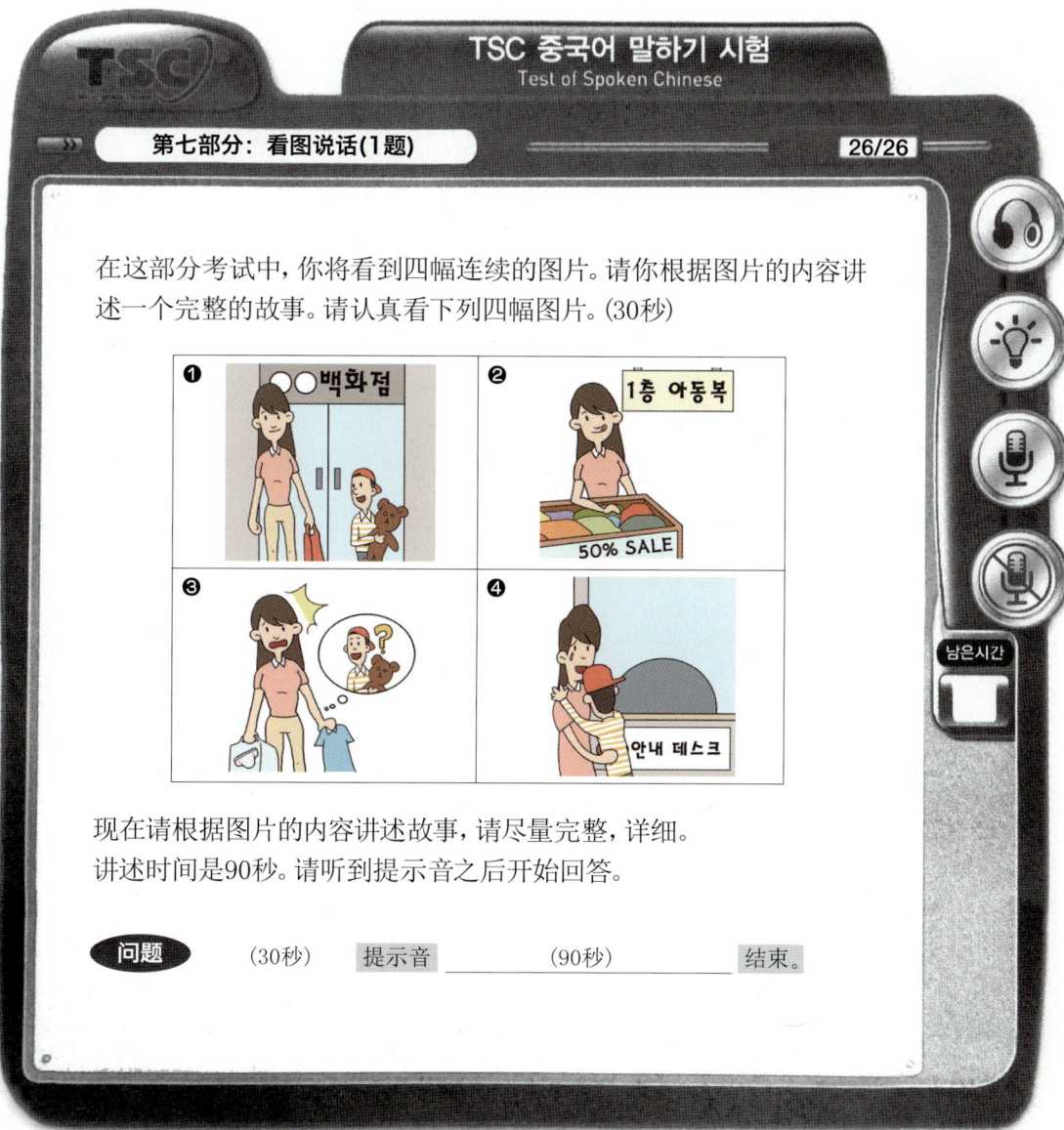

 # 실전 모의고사 2

第一部分 : 自我介绍(4题)　　1-4/26

在这部分考试中，你将听到四个简单的文句。请听到提示音之后开始回答。每道题的回答时间是10秒。
下面开始提问。

问题 1　你叫什么名字?

　　　提示音　　　(10秒)　　　结束。

问题 2　请说出你的出生年月日。

　　　提示音　　　(10秒)　　　结束。

问题 3　你家有几口人?

　　　提示音　　　(10秒)　　　结束。

问题 4　你在什么地方工作? 或者你在哪个学校上学?

　　　提示音　　　(10秒)　　　结束。

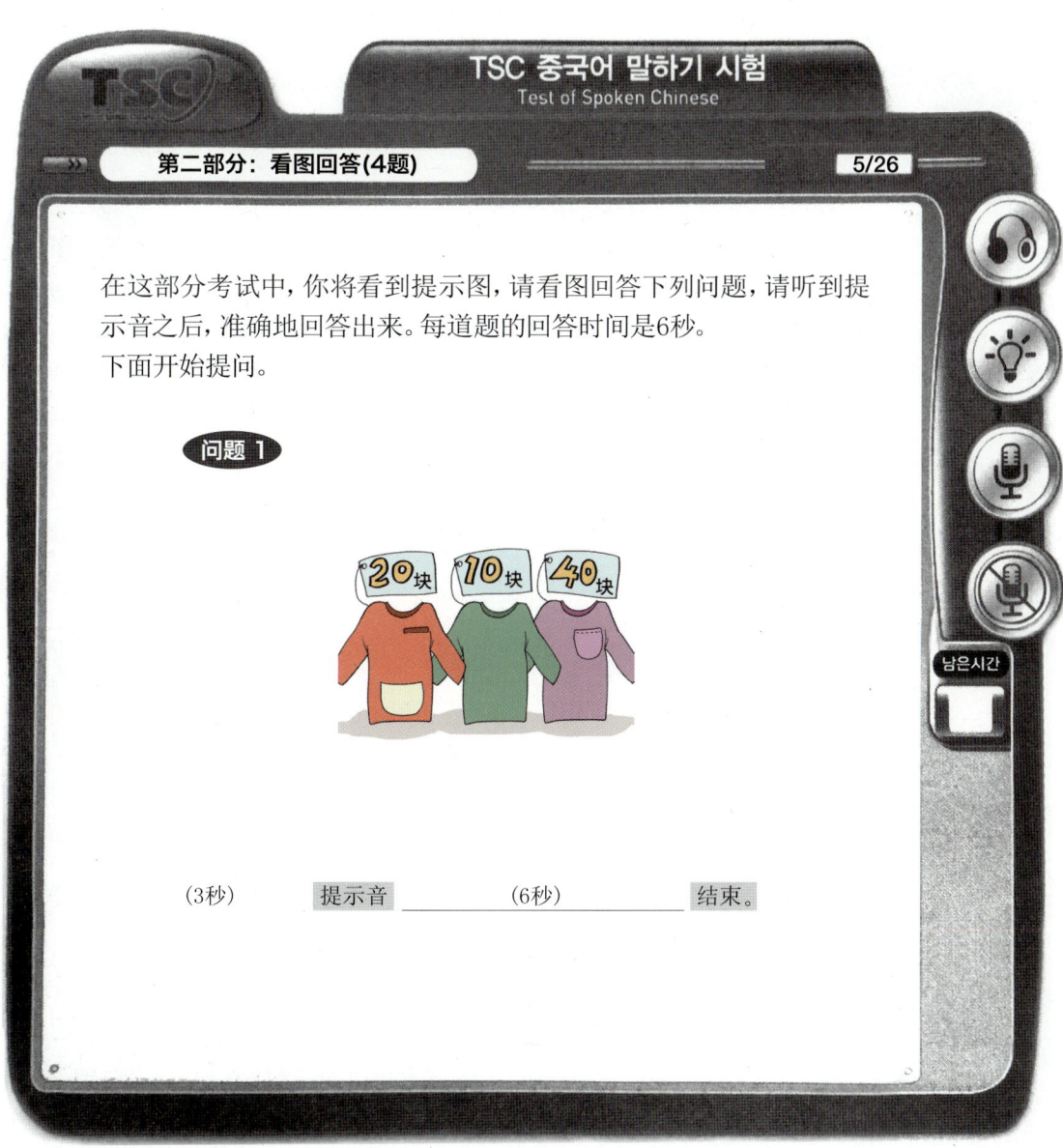

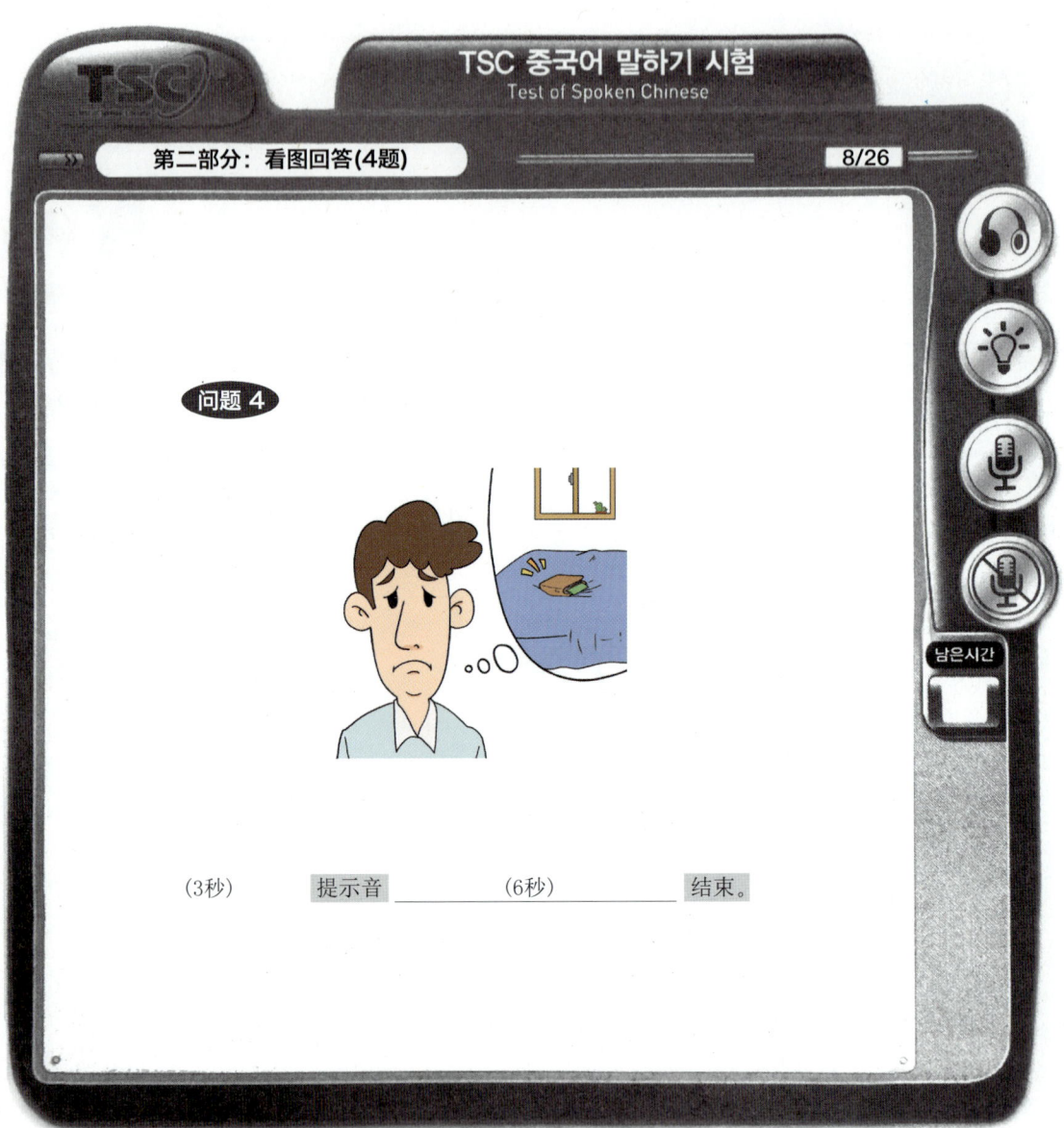

第三部分：快速回答(5题)

在这部分考试中，你需要完成五段简单的对话。这些对话出自不同的日常生活情景，在每段对话前，你将看到提示图。请尽量用完整的句子来回答，句子的长短和用词将影响你的分数。请听例句。

问题： 老张在吗？
回答1： 不在。
回答2： 他现在不在，你有什么事儿吗？要给他留言吗？

两种回答都可以，但第二种回答更完整更详细，你将得到较高的分数。请听到提示音之后开始回答问题。每道题的回答时间是15秒。下面开始提问。

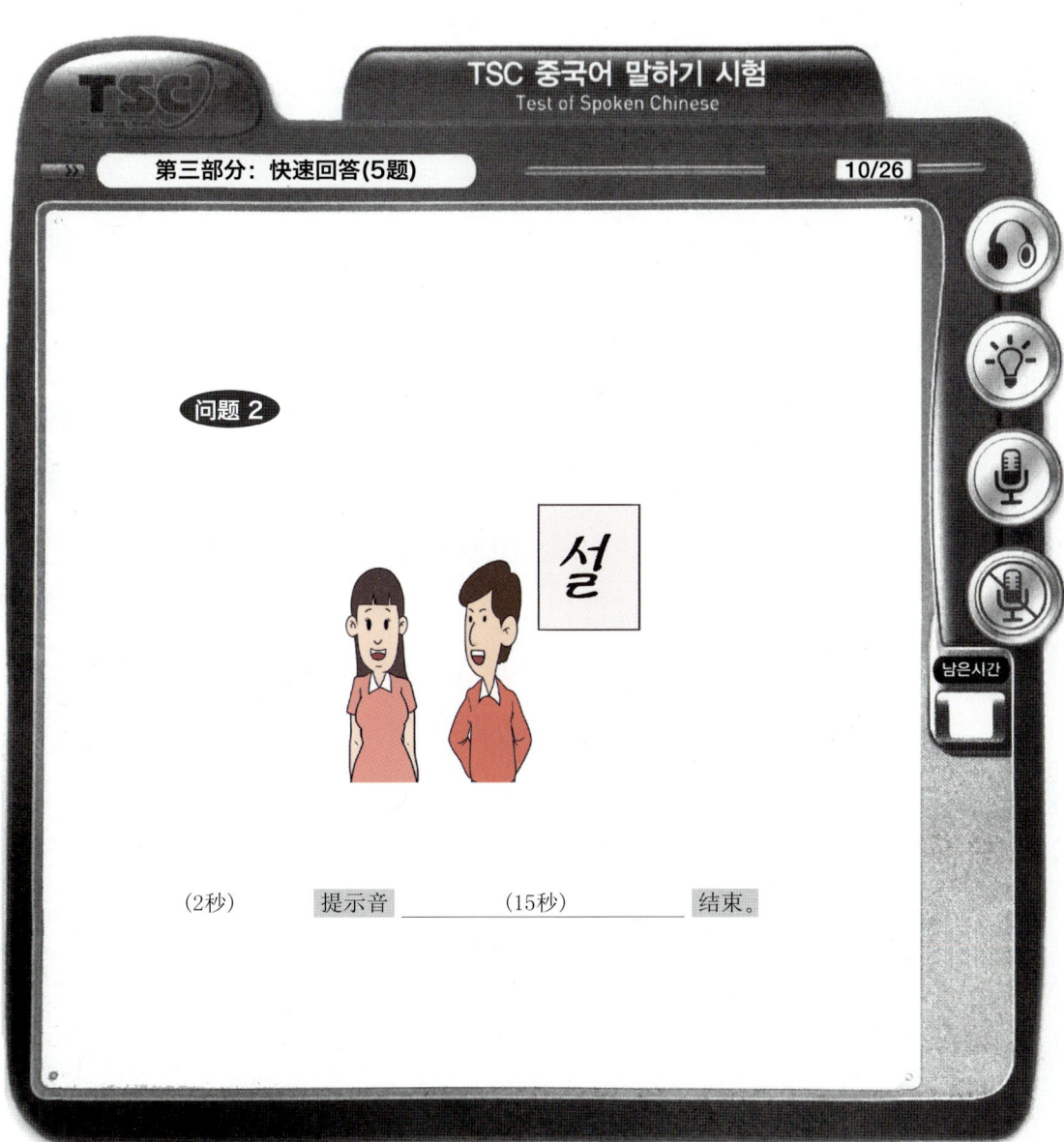

第四部分：简短回答(5题)

在这部分考试中，你将听到五个问题。请尽量用完整的句子来回答，句子的长短和用词将影响你的分数。请听例句。

问题： 会餐时一般吃什么？
回答1： 一般吃五花肉。
回答2： 我喜欢去烤肉店吃五花肉。因为五花肉又便宜又好吃。
一边吃五花肉，一边喝酒。
不仅可以放松一下，而且也可以解除压力。

两种回答都可以，但第二种回答更完整更详细，你将得到较高的分数。请听到提示音之后开始回答问题。每道题请你用15秒思考，回答时间是25秒。
下面开始提问。

问题 1 你觉得喝酒一定对身体有害吗？

(15秒)　　提示音　　　　(25秒)　　　　结束。

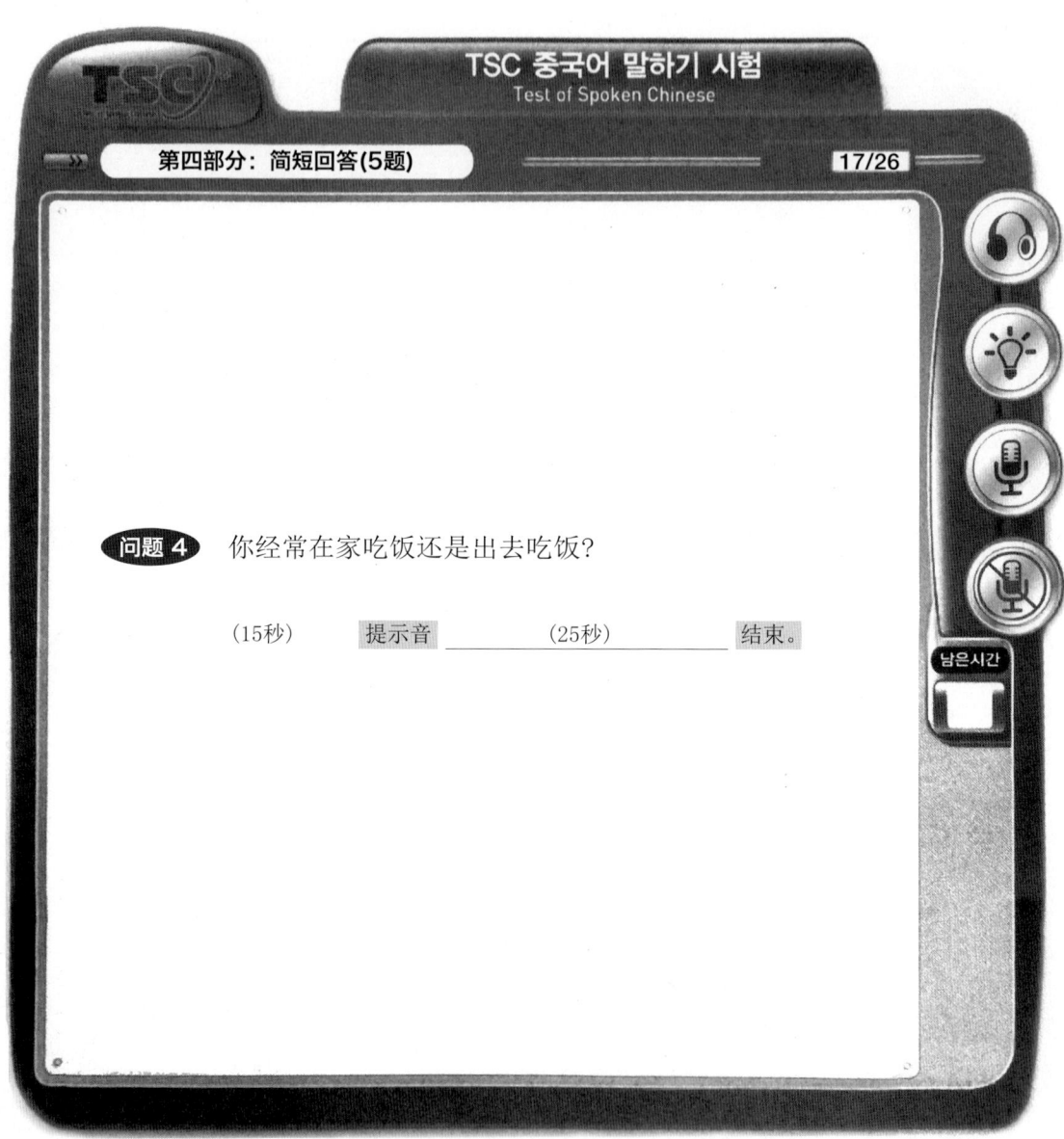

第五部分：拓展回答(4题)   19/26

在这部分考试中，你将听到五个问题，请发表你的观点和看法。请尽量用完整的句子回答，句子的长短和用词将影响你的分数。请听例句。

问题：   你喜欢喝茶还是喝咖啡？
回答1：   我喜欢喝咖啡。
回答2：   我喜欢喝咖啡。我特别喜欢跟朋友见面的时候一起去喝咖啡。一边喝咖啡，一边和朋友聊天，很有意思。

两种回答都可以，但第二种回答更完整更详细，你将得到较高的分数。请听到提示音之后开始回答问题。每道题请你用30秒思考，回答时间是50秒。
下面开始提问。

问题 1 为了退休以后的生活你都做了哪些准备？
你觉得什么准备最重要。

(30秒)   提示音_____(50秒)_____结束。

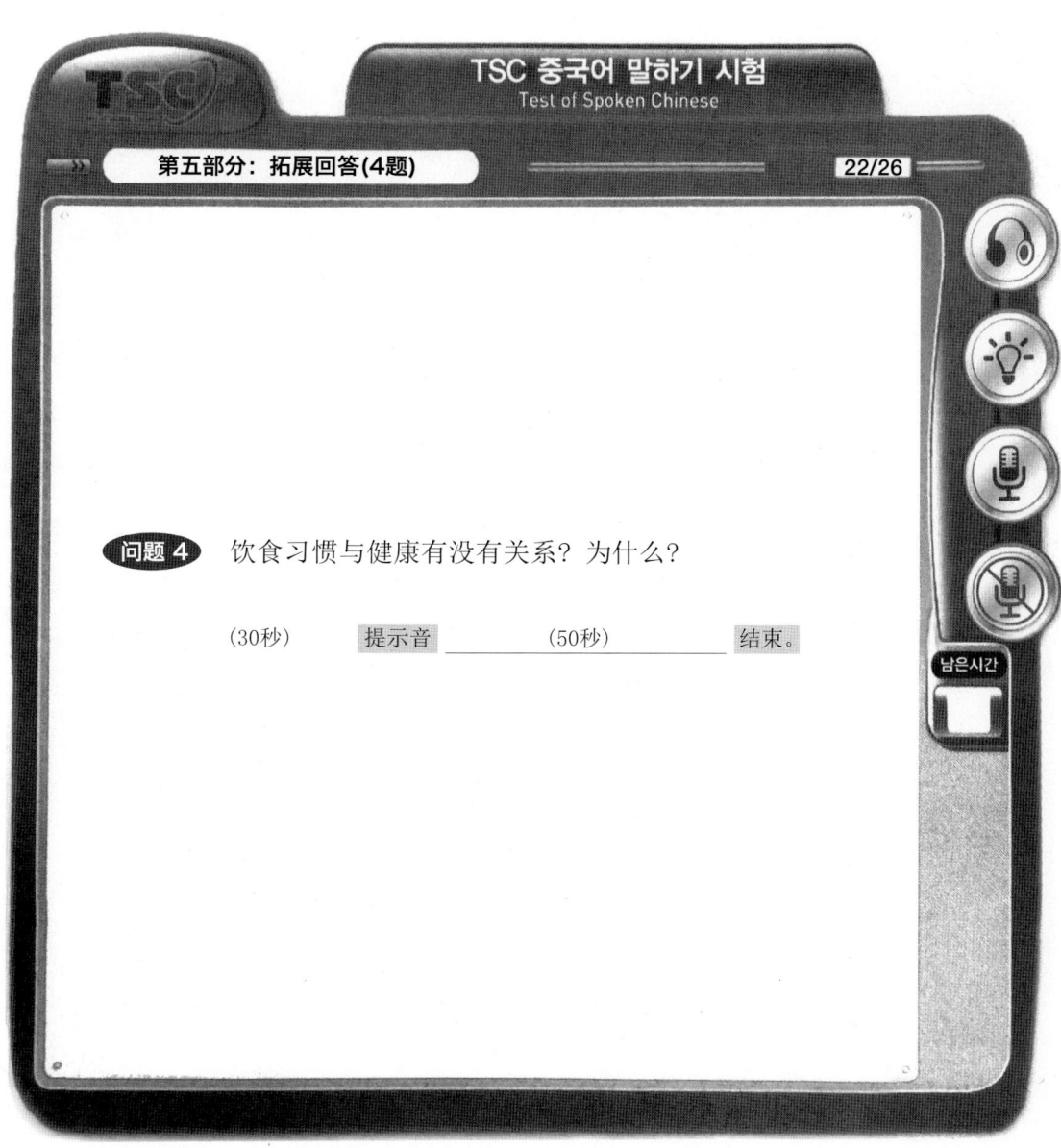

第六部分：情景应对(3题)

在这部分考试中，你将看到提示图，同时还将听到中文的情景叙述。假设你处于这种情况之下，你将如何应对。请尽量用完整的句子来回答，句子的长短和用词将影响你的分数。请听到提示音之后开始回答问题。每道题请你用30秒思考，回答时间是40秒。下面开始提问。

问题 1

你打算邀请中国客户吃饭，请给饭店打电话预定座位和告诉他们上菜时的注意事项。

(30秒)　　提示音　　　　(40秒)　　　　结束。

第六部分：情景应对(3题)

问题 2

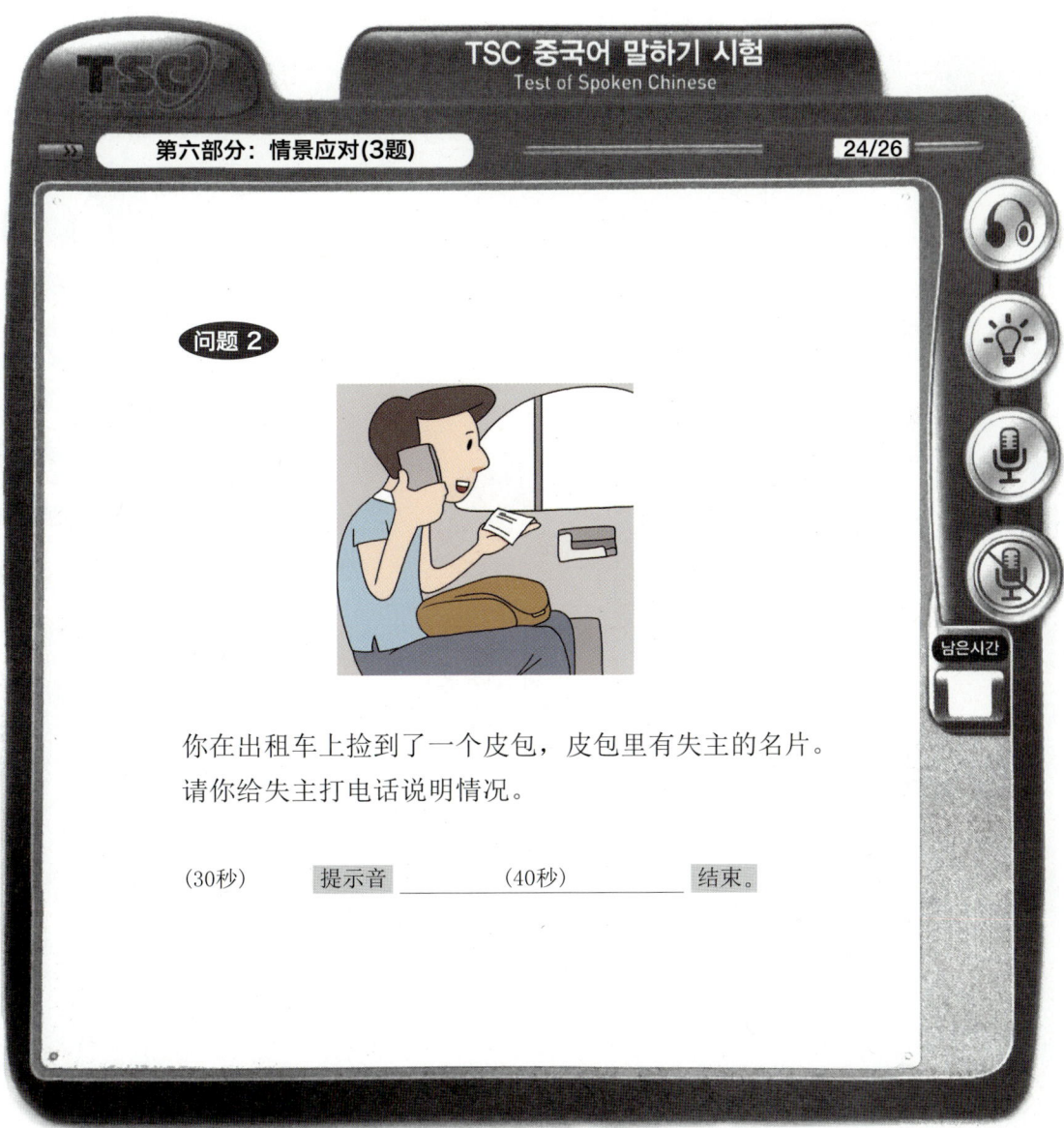

你在出租车上捡到了一个皮包，皮包里有失主的名片。
请你给失主打电话说明情况。

(30秒)　提示音　　　(40秒)　　　结束。

第七部分：看图说话(1题)   26/26

在这部分考试中，你将看到四幅连续的图片。请你根据图片的内容讲述一个完整的故事。请认真看下列四幅图片。(30秒)

现在请根据图片的内容讲述故事，请尽量完整，详细。
讲述时间是90秒。请听到提示音之后开始回答。

问题   (30秒)   提示音_____(90秒)_____结束。

# 실전 모의고사 3

TSC 중국어 말하기 시험
Test of Spoken Chinese

第一部分：自我介绍(4题)　　　　　　　　1-4/26

在这部分考试中，你将听到四个简单的文句。请听到提示音之后开始回答。每道题的回答时间是10秒。
下面开始提问。

问题 1 你叫什么名字？

提示音　　　(10秒)　　　结束。

问题 2 请说出你的出生年月日。

提示音　　　(10秒)　　　结束。

问题 3 你家有几口人？

提示音　　　(10秒)　　　结束。

问题 4 你在什么地方工作？或者你在哪个学校上学？

提示音　　　(10秒)　　　结束。

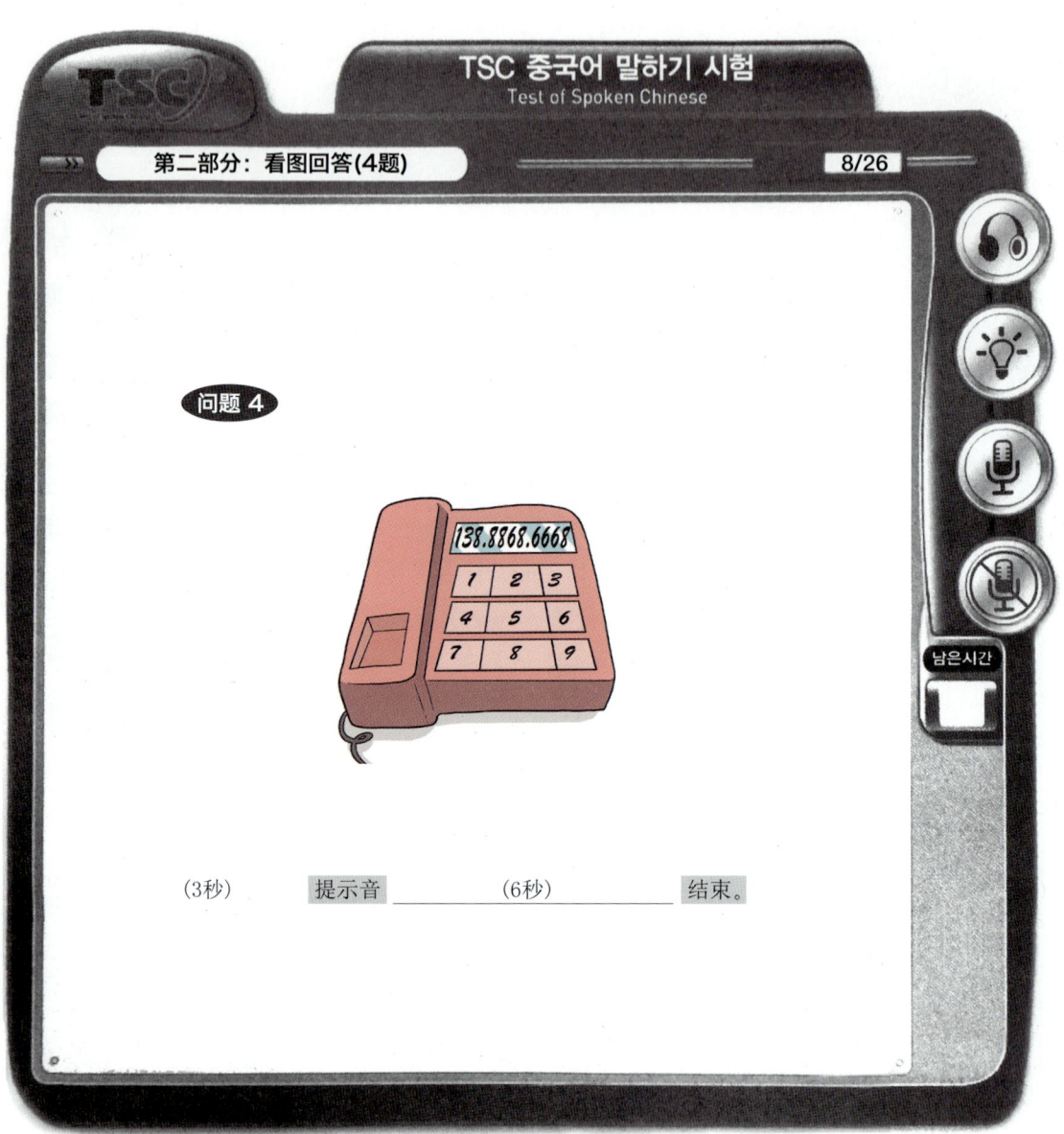

第三部分：快速回答(5题)

在这部分考试中，你需要完成五段简单的对话。这些对话出自不同的日常生活情景，在每段对话前，你将看到提示图。请尽量用完整的句子来回答，句子的长短和用词将影响你的分数。请听例句。

问题： 老张在吗？
回答1： 不在。
回答2： 他现在不在，你有什么事儿吗？要给他留言吗？

两种回答都可以，但第二种回答更完整更详细，你将得到较高的分数。请听到提示音之后开始回答问题。每道题的回答时间是15秒。
下面开始提问。

第四部分：简短回答(5题)   14/26

在这部分考试中，你将听到五个问题。请尽量用完整的句子来回答，句子的长短和用词将影响你的分数。请听例句。

问题：　会餐时一般吃什么？
回答1：　一般吃五花肉。
回答2：　我喜欢去烤肉店吃五花肉。因为五花肉又便宜又好吃。
　　　　　一边吃五花肉，一边喝酒。
　　　　　不仅可以放松一下，而且也可以解除压力。

两种回答都可以，但第二种回答更完整更详细，你将得到较高的分数。请听到提示音之后开始回答问题。每道题请你用15秒思考，回答时间是25秒。
下面开始提问。

问题 1   在你的国家，别人结婚一般送什么礼物？

(15秒)   提示音   (25秒)   结束。

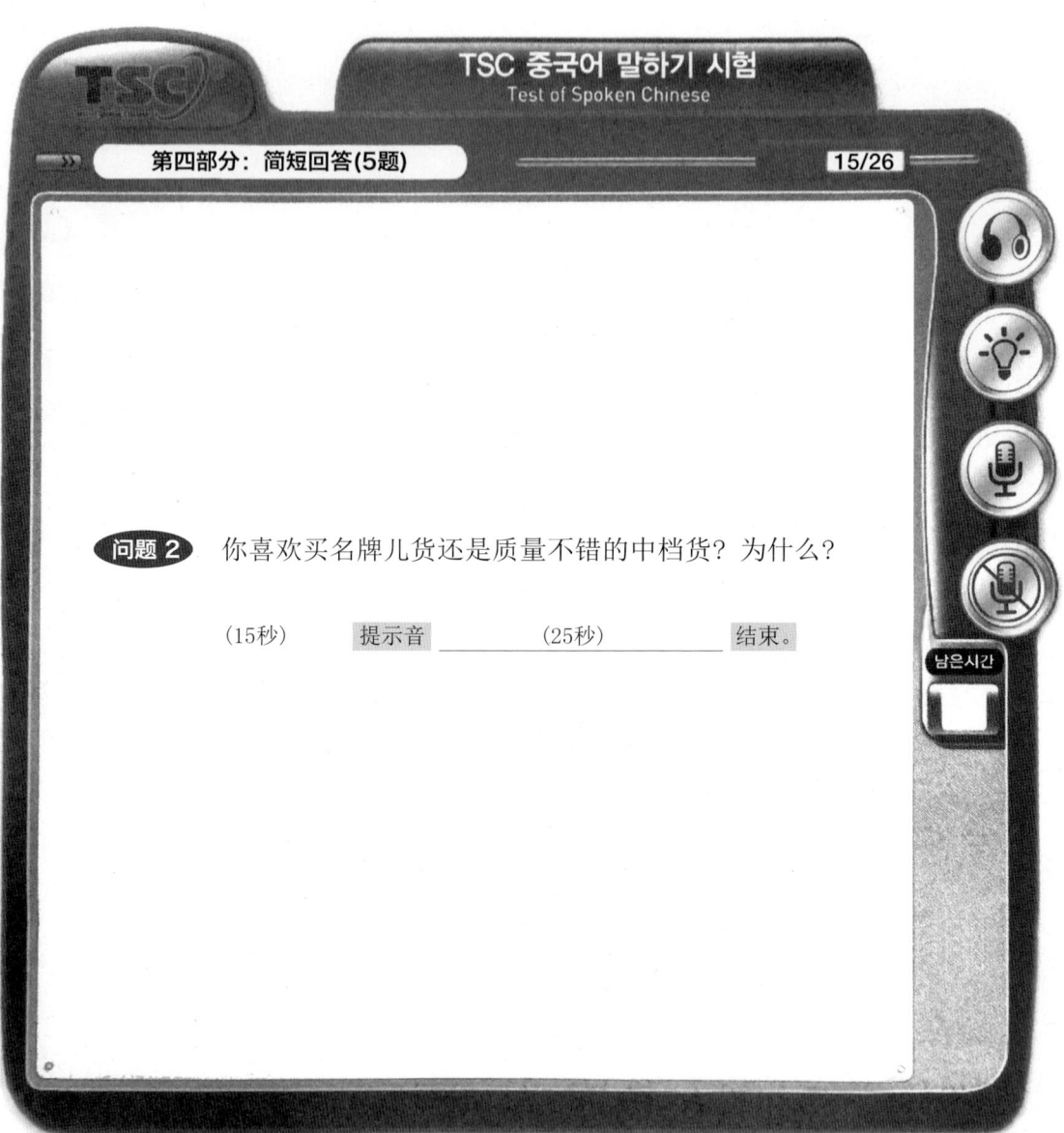

第四部分：简短回答(5题)　　　　　　　18/26

问题 5　　你做家务吗? 你在家里都做些什么家务?

　　　　　(15秒)　　提示音　　　(25秒)　　　结束。

第五部分：拓展回答(4题) 19/26

在这部分考试中，你将听到五个问题，请发表你的观点和看法。请尽量用完整的句子回答，句子的长短和用词将影响你的分数。请听例句。

问题： 你喜欢喝茶还是喝咖啡？
回答1： 我喜欢喝咖啡。
回答2： 我喜欢喝咖啡。我特别喜欢跟朋友见面的时候一起去喝咖啡。一边喝咖啡，一边和朋友聊天，很有意思。

两种回答都可以，但第二种回答更完整更详细，你将得到较高的分数。请听到提示音之后开始回答问题。每道题请你用30秒思考，回答时间是50秒。
下面开始提问。

问题 1 说说时装和我们日常生活的关系。

(30秒)　　提示音　　　(50秒)　　　结束。

问题 2　现在在学校有很多学生给老师送礼的现象。
谈一谈你的想法。

(30秒)　　提示音　　(50秒)　　结束。

第六部分: 情景应对(3题)

在这部分考试中,你将看到提示图,同时还将听到中文的情景叙述。假设你处于这种情况之下,你将如何应对。请尽量用完整的句子来回答,句子的长短和用词将影响你的分数。请听到提示音之后开始回答问题。每道题请你用30秒思考,回答时间是40秒。下面开始提问。

问题 1

今天下午你去逛百货商店,不小心把手机落在了四楼洗手间里,请你向服务台小姐说明一下情况。

(30秒)　　提示音　　　　(40秒)　　　　结束。

第六部分：情景应对(3题)　　　　　　24/26

问题 2

你在网上买了一套连衣裙，但是你收到货时发现颜色不对，发错了。请你给卖家打电话，要求退货。

(30秒)　　提示音　　　(40秒)　　　结束。

第七部分：看图说话(1题) 26/26

在这部分考试中，你将看到四幅连续的图片。请你根据图片的内容讲述一个完整的故事。请认真看下列四幅图片。(30秒)

现在请根据图片的内容讲述故事，请尽量完整，详细。
讲述时间是90秒。请听到提示音之后开始回答。

问题　　(30秒)　　提示音　　　(90秒)　　　结束。

실전 모의고사 4

第一部分：自我介绍(4题)　　1-4/26

在这部分考试中，你将听到四个简单的文句。请听到提示音之后开始回答。每道题的回答时间是10秒。
下面开始提问。

问题 1　你叫什么名字？
　　　　提示音　　　(10秒)　　　结束。

问题 2　请说出你的出生年月日。
　　　　提示音　　　(10秒)　　　结束。

问题 3　你家有几口人？
　　　　提示音　　　(10秒)　　　结束。

问题 4　你在什么地方工作？或者你在哪个学校上学？
　　　　提示音　　　(10秒)　　　结束。

第二部分：看图回答(4题)

在这部分考试中，你将看到提示图，请看图回答下列问题，请听到提示音之后，准确地回答出来。每道题的回答时间是6秒。
下面开始提问。

问题 1

(3秒)　　提示音　　　(6秒)　　　结束。

第三部分：快速回答(5题)

在这部分考试中，你需要完成五段简单的对话。这些对话出自不同的日常生活情景，在每段对话前，你将看到提示图。请尽量用完整的句子来回答，句子的长短和用词将影响你的分数。请听例句。

问题：　老张在吗？
回答1：　不在。
回答2：　他现在不在，你有什么事儿吗？要给他留言吗？

两种回答都可以，但第二种回答更完整更详细，你将得到较高的分数。请听到提示音之后开始回答问题。每道题的回答时间是15秒。下面开始提问。

第四部分：简短回答(5题)

在这部分考试中，你将听到五个问题。请尽量用完整的句子来回答，句子的长短和用词将影响你的分数。请听例句。

问题： 会餐时一般吃什么？
回答1： 一般吃五花肉。
回答2： 我喜欢去烤肉店吃五花肉。因为五花肉又便宜又好吃。
一边吃五花肉，一边喝酒。
不仅可以放松一下，而且也可以解除压力。

两种回答都可以，但第二种回答更完整更详细，你将得到较高的分数。请听到提示音之后开始回答问题。每道题请你用15秒思考，回答时间是25秒。
下面开始提问。

 你的假期一般怎么过？

(15秒)　　提示音　　　　(25秒)　　　　结束。

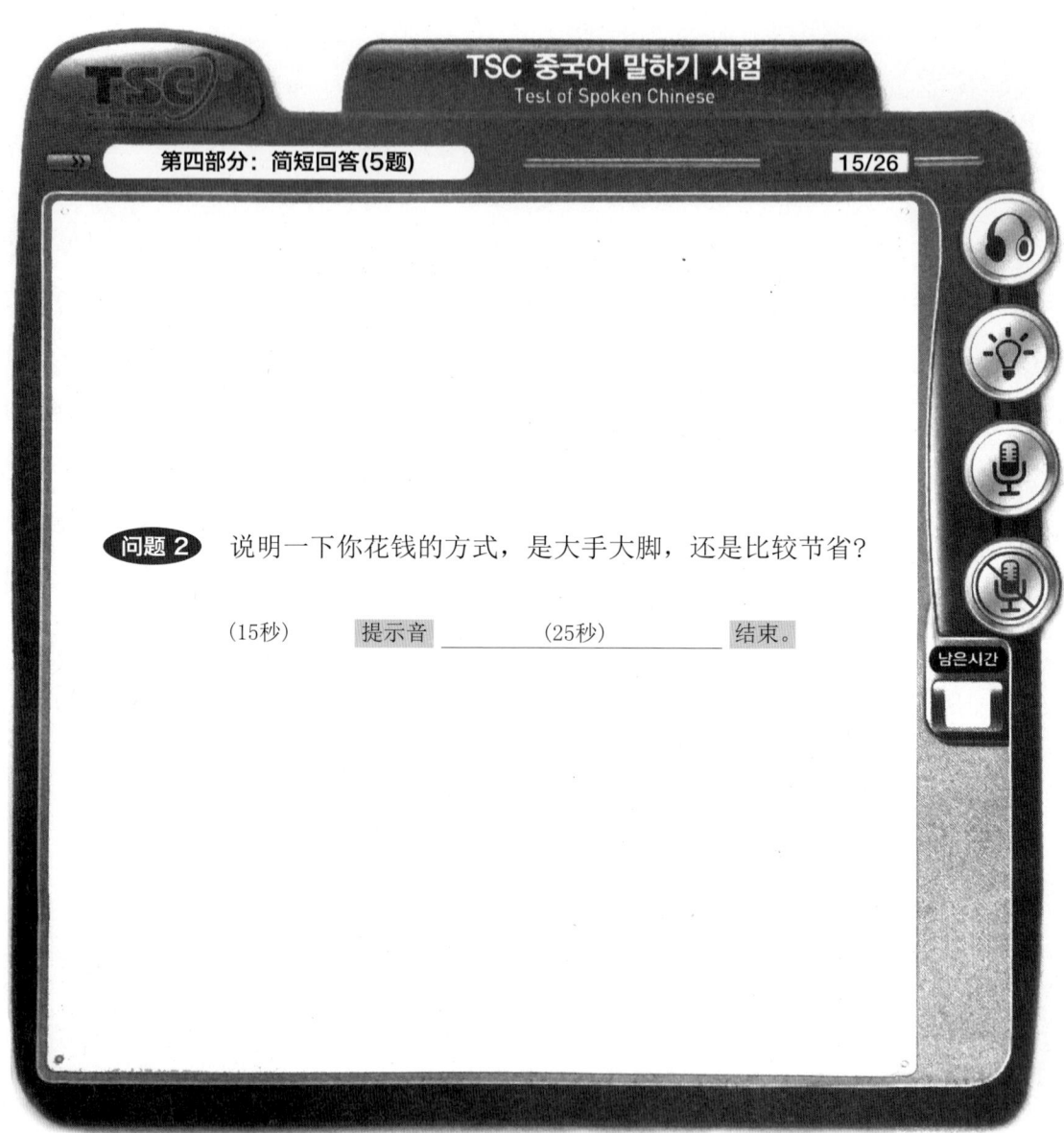

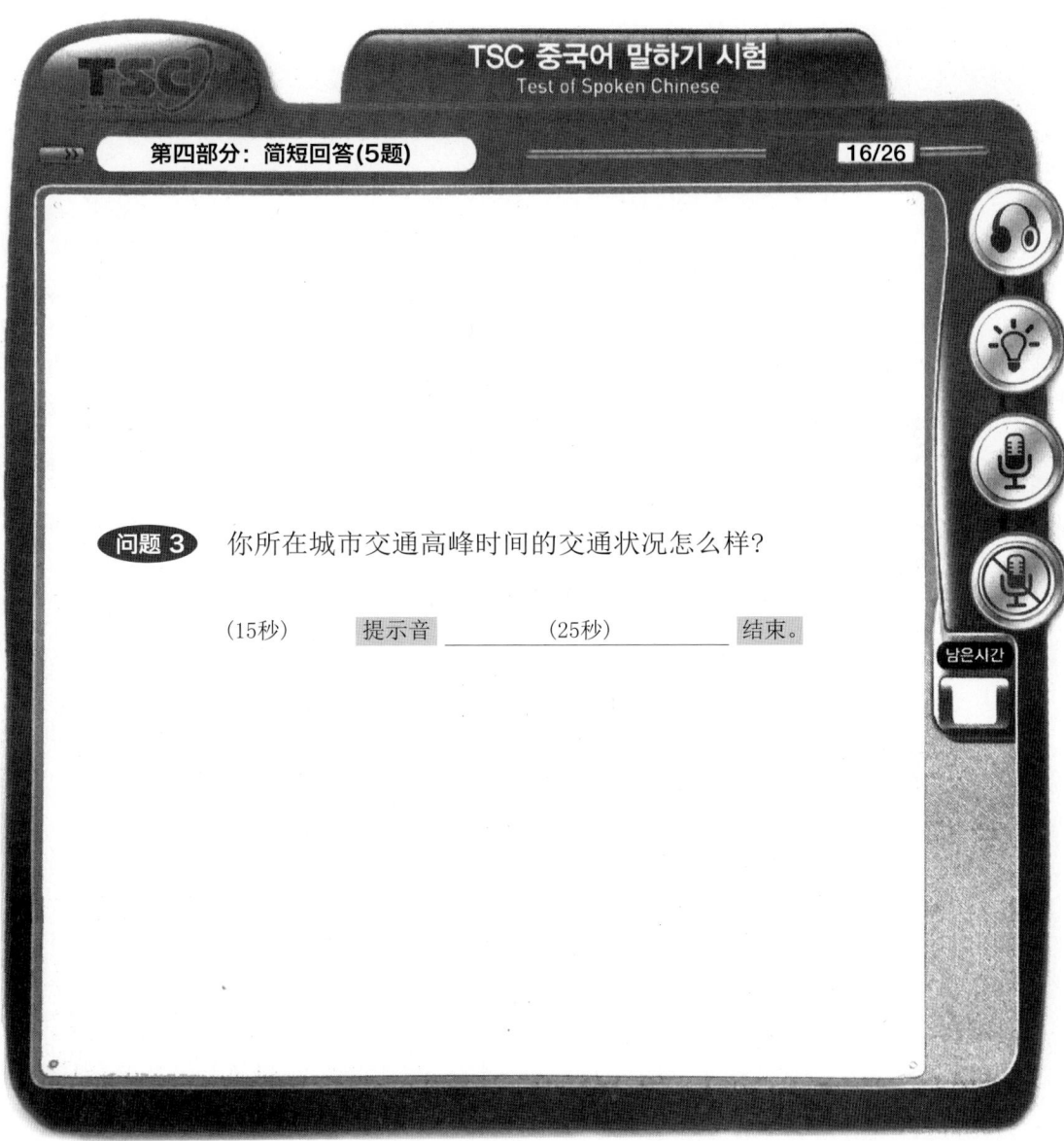

第五部分：拓展回答(4题)

在这部分考试中，你将听到五个问题，请发表你的观点和看法。请尽量用完整的句子回答，句子的长短和用词将影响你的分数。请听例句。

问题： 你喜欢喝茶还是喝咖啡？
回答1： 我喜欢喝咖啡。
回答2： 我喜欢喝咖啡。我特别喜欢跟朋友见面的时候一起去喝咖啡。一边喝咖啡，一边和朋友聊天，很有意思。

两种回答都可以，但第二种回答更完整更详细，你将得到较高的分数。请听到提示音之后开始回答问题。每道题请你用30秒思考，回答时间是50秒。
下面开始提问。

问题 1 现代生活中人际关系是否重要？为什么？

(30秒)　　提示音　　　(50秒)　　　结束。

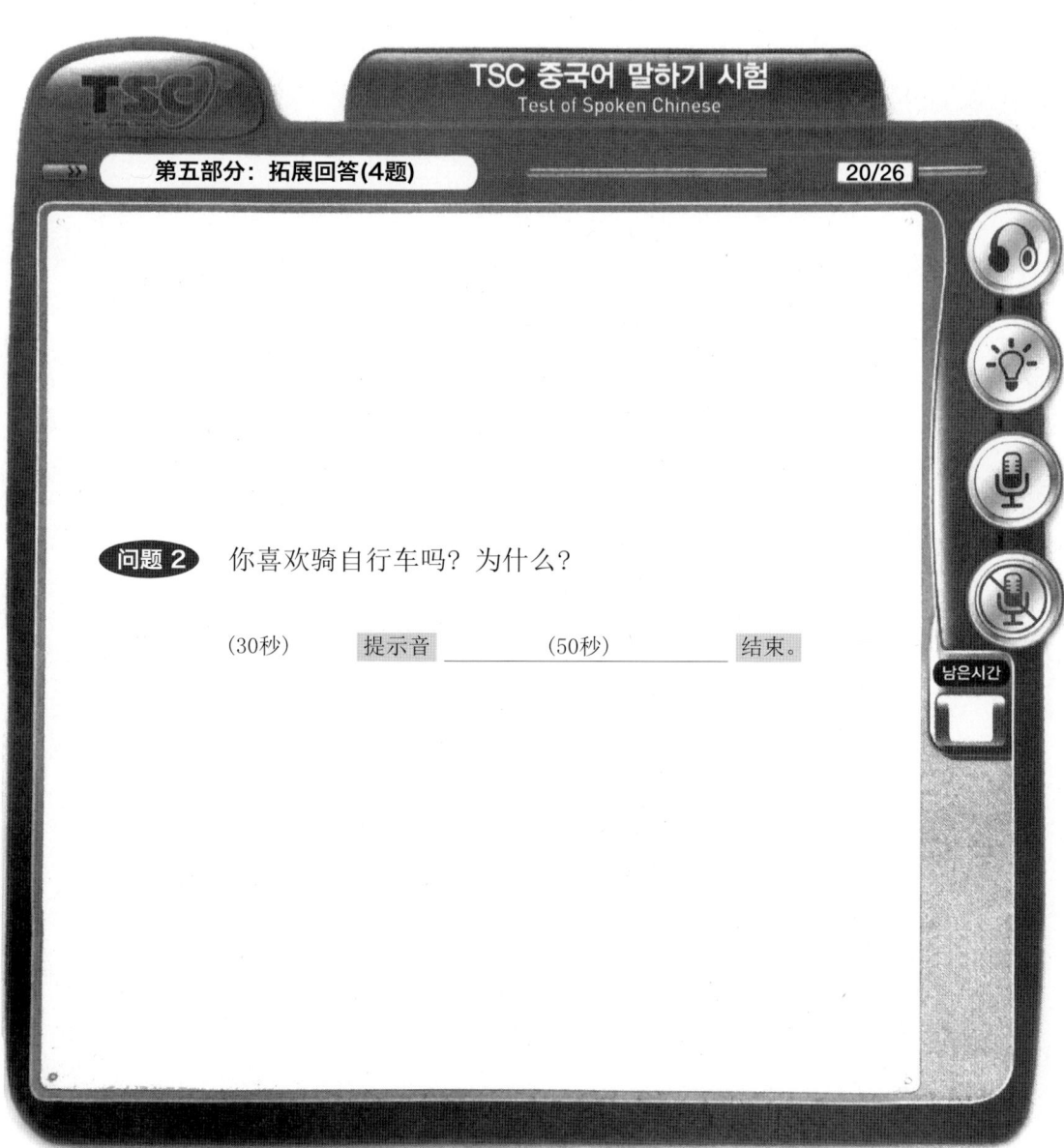

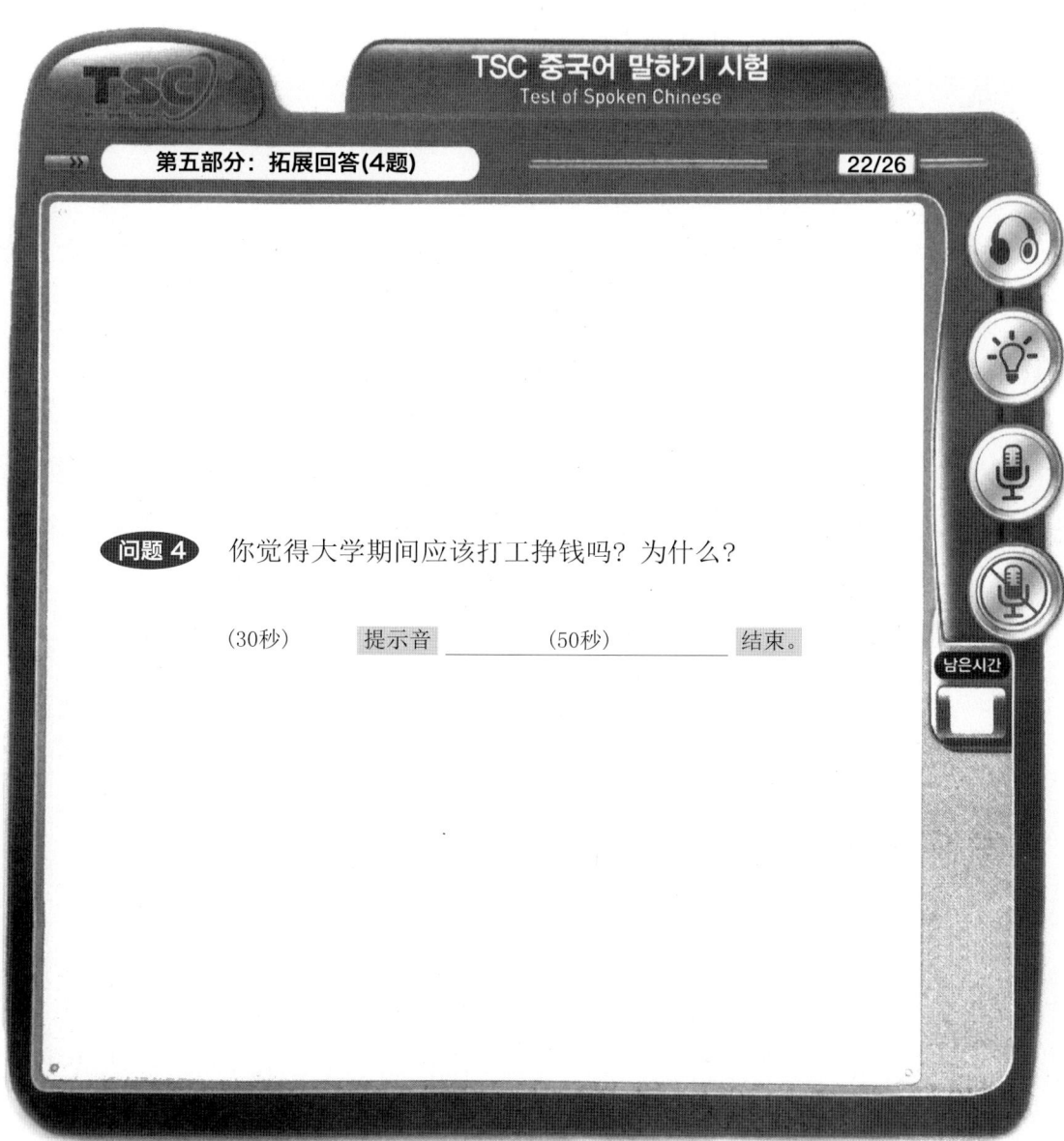

第六部分：情景应对(3题)

23/26

在这部分考试中，你将看到提示图，同时还将听到中文的情景叙述。假设你处于这种情况之下，你将如何应对。请尽量用完整的句子来回答，句子的长短和用词将影响你的分数。请听到提示音之后开始回答问题。每道题请你用30秒思考，回答时间是40秒。下面开始提问。

问题 1

你是大学在校学生，你想去咖啡厅打工。可是你的父母不同意，觉得打工妨碍你的学业。请你试着说服你的父母。

(30秒)　　提示音　　　(40秒)　　　结束。

第七部分：看图说话(1题) 26/26

在这部分考试中，你将看到四幅连续的图片。请你根据图片的内容讲述一个完整的故事。请认真看下列四幅图片。(30秒)

现在请根据图片的内容讲述故事，请尽量完整，详细。
讲述时间是90秒。请听到提示音之后开始回答。

问题　　(30秒)　　提示音　　(90秒)　　结束。

실전 모의고사 5

TSC 중국어 말하기 시험
Test of Spoken Chinese

第一部分：自我介绍(4题)　　　　　　1-4/26

在这部分考试中，你将听到四个简单的文句。请听到提示音之后开始回答。每道题的回答时间是10秒。
下面开始提问。

问题 1　你叫什么名字？
　　　　　提示音　　　(10秒)　　　结束。

问题 2　请说出你的出生年月日。
　　　　　提示音　　　(10秒)　　　结束。

问题 3　你家有几口人？
　　　　　提示音　　　(10秒)　　　结束。

问题 4　你在什么地方工作？或者你在哪个学校上学？
　　　　　提示音　　　(10秒)　　　结束。

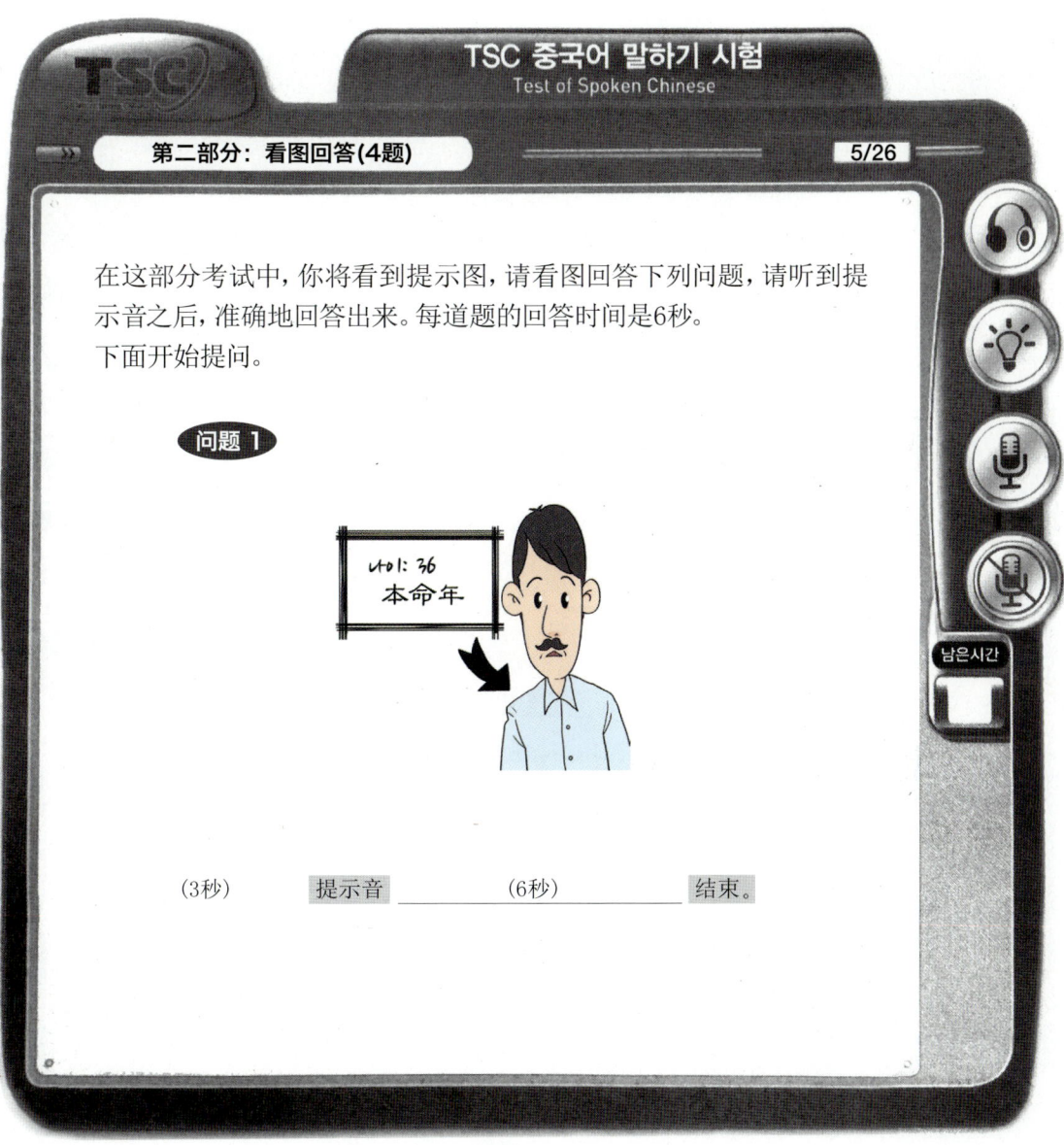

第三部分：快速回答(5题)

在这部分考试中，你需要完成五段简单的对话。这些对话出自不同的日常生活情景，在每段对话前，你将看到提示图。请尽量用完整的句子来回答，句子的长短和用词将影响你的分数。请听例句。

问题： 老张在吗？
回答1： 不在。
回答2： 他现在不在，你有什么事儿吗？要给他留言吗？

两种回答都可以，但第二种回答更完整更详细，你将得到较高的分数。请听到提示音之后开始回答问题。每道题的回答时间是15秒。下面开始提问。

第四部分：简短回答(5题)

在这部分考试中，你将听到五个问题。请尽量用完整的句子来回答，句子的长短和用词将影响你的分数。请听例句。

问题： 会餐时一般吃什么?
回答1： 一般吃五花肉。
回答2： 我喜欢去烤肉店吃五花肉。因为五花肉又便宜又好吃。
一边吃五花肉，一边喝酒。
不仅可以放松一下，而且也可以解除压力。

两种回答都可以，但第二种回答更完整更详细，你将得到较高的分数。请听到提示音之后开始回答问题。每道题请你用15秒思考，回答时间是25秒。
下面开始提问。

 你对环境污染问题怎么看? 你是怎么保护环境的?

(15秒)　　提示音＿＿＿＿＿(25秒)＿＿＿＿＿结束。

第五部分：拓展回答(4题)　　　　　　　　　　19/26

在这部分考试中，你将听到五个问题，请发表你的观点和看法。请尽量用完整的句子回答，句子的长短和用词将影响你的分数。请听例句。

问题：　你喜欢喝茶还是喝咖啡？
回答1：我喜欢喝咖啡。
回答2：我喜欢喝咖啡。我特别喜欢跟朋友见面的时候一起去喝咖啡。一边喝咖啡，一边和朋友聊天，很有意思。

两种回答都可以，但第二种回答更完整更详细，你将得到较高的分数。请听到提示音之后开始回答问题。每道题请你用30秒思考，回答时间是50秒。
下面开始提问。

问题 1　最近在中国掀起了出国留学热，谈谈你的想法。

　　　　(30秒)　　提示音　　　　(50秒)　　　　结束。

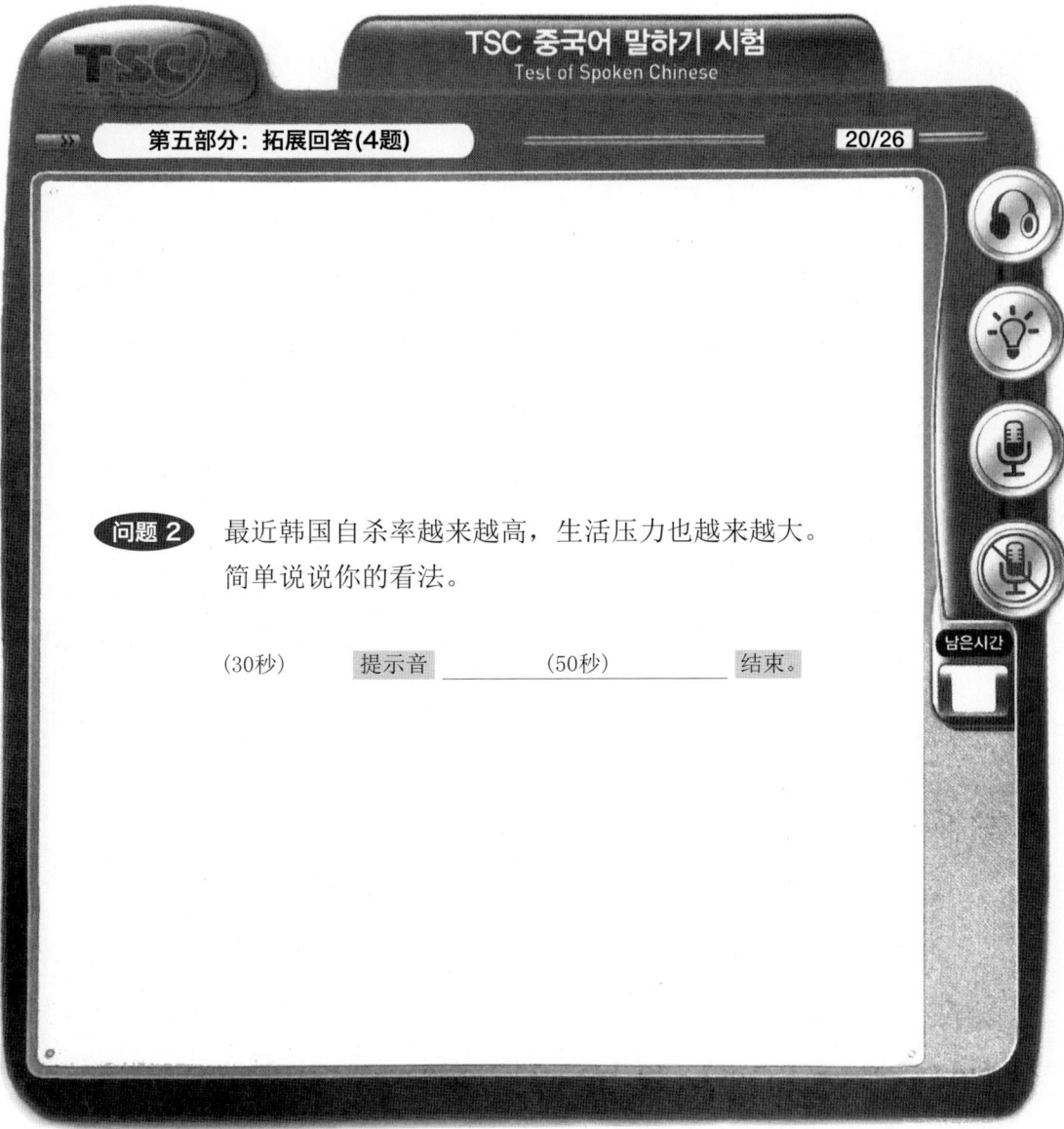

第五部分：拓展回答(4题)   21/26

问题 3 最近在韩国跨国婚姻十分普遍。你如何看待这种现象？
请谈谈你的看法。

(30秒)   提示音_____(50秒)_____结束。

第六部分：情景应对(3题)

在这部分考试中，你将看到提示图，同时还将听到中文的情景叙述。假设你处于这种情况之下，你将如何应对。请尽量用完整的句子来回答，句子的长短和用词将影响你的分数。请听到提示音之后开始回答问题。每道题请你用30秒思考，回答时间是40秒。下面开始提问。

问题 1

你的有一个朋友是典型的月光族，每到月末都会很穷。请你劝劝他。

(30秒)　提示音　　　(40秒)　　　结束。

你的朋友最近身体状况很不好，但是因为工作太忙，他不想去医院做检查。请你劝服他去医院看病。

第七部分：看图说话(1题)

26/26

在这部分考试中，你将看到四幅连续的图片。请你根据图片的内容讲述一个完整的故事。请认真看下列四幅图片。(30秒)

现在请根据图片的内容讲述故事，请尽量完整，详细。
讲述时间是90秒。请听到提示音之后开始回答。

问题　　(30秒)　　提示音　　(90秒)　　结束。

Part 2
실전 모의고사 답안

실전 모의고사 답안

실전 모의고사 1

第二部分：看图回答

1
질문: 今天天气怎么样?
예시답안: 今天下雪了，天气比较冷。

한글해석
질문: 오늘 날씨는 어때요?
예시답안: 오늘은 눈이 왔고, 날씨는 비교적 추워요.

단어
- 天气 [tiānqì] 명 날씨
- 下 [xià] 동 내리다
- 雪 [xuě] 명 눈
- 怎么样 [zěnmeyàng] 대 어떻다, 어떠하다
- 冷 [lěng] 형 춥다

Tip '比较'는 '비교적 ~하다, 좀 ~하다'라는 뜻으로 양자의 비교를 나타낸다.
예) 韩语发音比较难。 한국어 발음은 비교적 어렵다.

2
질문: 他今天迟到了吗?
예시답안: 没有，要是再晚10分钟他就迟到了。

한글해석
질문: 그는 오늘 지각을 했습니까?
예시답안: 아니요, 만약에 10분만 더 늦었더라면 그는 지각했을 겁니다.

단어
- 迟到 [chídào] 동 지각하다
- 再 [zài] 부 재차, 또
- 晚 [wǎn] 형 늦다, 느리다
- 分钟 [fēnzhōng] 명 분
- 就 [jiù] 부 곧, 즉시

Tip '要是~就~'는 '만약에 ~라면, 바로 ~하다'라는 뜻으로 가정을 나타낸다. '如果~就~'와 같은 어법으로 쓰인다.
예) 要是下雨，我们就买雨伞。
만약에 비가 온다면 우산을 사도록 하자.

3
질문: 他每天怎么上班?
예시답안: 他每天坐地铁上班，有时候也坐出租车。

한글해석
질문: 그는 매일 어떻게 출근을 합니까?
예시답안: 그는 매일 지하철을 타고 출근을 하고, 어떤 때는 택시를 탑니다.

단어
- 怎么 [zěnme] 대 어째서, 어떻게
- 上班 [shàngbān] 동 출근하다
- 晚 [wǎn] 형 늦다
- 坐 [zuò] 동 (교통수단) 타다
- 出租车 [chūzūchē] 명 택시

Tip 원인과 결과를 나타내는 접속사로 '因为+원인, 所以+결과'가 자주 쓰인다. '因为'는 생략되기도 한다.

4
질문: 坐公共汽车上班方便吗?
예시답안: 方便是方便，但是经常堵车。

한글해석
질문: 버스를 타고 출근하기에 편합니까?
예시답안: 편하긴 편한데, 하지만 차가 자주 막힙니다.

단어
- 公共汽车 [gōnggòngqìchē] 명 버스
- 方便 [fāngbiàn] 형 편리하다
- 但是 [dànshì] 접 그러나, 그렇지만
- 经常 [jīngcháng] 명 평소, 일상
- 堵车 [dǔchē] 동 차가 막히다

Tip '~是~, 但是~'의 형태로 쓰여 앞의 사실을 인정하면서도 뒤 부분을 강조하는 구문이다. '~하긴 ~한데, 하지만 ~하다'라는 뜻으로 '但是' 대신 전환관계 접속사인 '不过', '可是'도 사용가능하다.

第三部分：快速回答

1
질문: 周六我们几点见?
예시답안: 我们公司最近在做一个新的项目，所以我可能得去上班。我们晚上7点在江南见吧。

한글해석
질문: 우리 토요일 몇 시에 만날까?
예시답안: 우리 회사 요즘 새로운 프로젝트를 해서, 나는 아마도 출근을 해야 할 거야. 저녁 7시 강남에서 보자.

단어
- 公司 [gōngsī] 명 회사
- 最近 [zuìjìn] 명 최근, 요즘
- 项目 [xiàngmù] 명 프로젝트
- 可能 [kěnéng] 부 아마도
- 上班 [shàngbān] 동 출근하다

Tip '所以'는 결과를 나타내는 접속사로 원인을 나타내는 '因为'과 함께 호응하여 쓰여 '~때문에 그래서 ~하다'의 의미로 쓰인다. 따라서 종종 '因为'를 생략하기도 한다.

2
질문: 你怎么缓解压力?
예시답안: 我一有压力就去找朋友喝酒，边喝酒边和朋友倾诉，压力就没了。

한글해석
질문: 넌 어떻게 스트레스를 풀어?
예시답안: 난 스트레스를 받기만 하면 친구를 찾아서 술을 마셔, 술을 마시면서 친구에게 털어놓으면, 스트레스가 없어져.

단어
- 缓解 [huǎnjiě] 동 완화되다
- 喝 [hē] 동 마시다

- 压力 [yālì] 명 스트레스, 압력
- 朋友 [péngyou] 명 친구
- 倾诉 [qīngsù] 동 이것저것 다 얘기하다, 털어놓다

Tip '一~就~'구문은 두 가지의 의미를 가진다. 첫 번째는 '~하기만 하면, ~하다' 의미로, 조건 혹은 원인에 대한 결과를 나타낼 때 쓰인다. 두 번째는 시간상 밀접하게 연결된 두 동작을 나타낼 때 쓰이며, 이 때는 '~하자마자, ~하다'의 의미를 지닌다.

3 질문 小明在办公室吗?
예시답안 他现在不在办公室, 他去开会了。
要我帮你给他留言吗?

한글해석 질문: 샤오밍은 사무실에 있습니까?
예시답안: 그는 지금 사무실에 없습니다, 그는 회의하러 갔어요. 제가 메시지를 남겨드릴까요?

단어
- 办公室 [bàngōngshì] 명 사무실
- 现在 [xiànzài] 명 지금
- 开会 [kāihuì] 동 회의를 하다
- 帮 [bāng] 동 돕다
- 留言 [liúyán] 메모를 남기다

Tip '给~'는 전치사로 '~에게, 동사로는 '~에 주다, ~에게 건네다'라는 의미로 쓰인다.
예) 给他打电话。 그에게 전화하다.
给他钱。 그에게 돈을 주다.

4 질문 你的爱好是什么?
예시답안 我的爱好是滑雪, 除了滑雪以外, 我还喜欢爬山。

한글해석 질문: 너의 취미는 무엇이니?
예시답안: 나의 취미는 스키 타는 것이야, 스키 이외에, 나는 등산도 좋아해.

단어
- 爱好 [àihào] 명 취미
- 滑 [huá] 동 미끄러지다
- 雪 [xuě] 명 눈
- 喜欢 [xǐhuan] 동 좋아하다
- 爬山 [páshān] 동 산에 오르다

Tip '除了~以外, 还~'는 '~이외에 ~도 역시~하다'라는 의미로 내용을 추가적으로 더 이야기할 때 사용하는 표현으로, 앞에 언급한 것 이외에 추가적으로 다른 것이 더 있음을 나타낸다.

5 질문 这个报告太难写了, 你能帮我写一下吗?
예시답안 不能, 不管有多难, 你都应该自己写报告。

한글해석 질문: 이 보고서 쓰기 너무 어려워요, 저 좀 도와서 작성해 주실 수 있을까요?
예시답안: 안돼요, 아무리 어려워도, 당신은 스스로 보고서를 써야 합니다.

단어
- 报告 [bàogào] 명 보고서 동 보고
- 难 [nán] 형 어렵다, 힘들다
- 帮 [bāng] 동 돕다
- 应该 [yīnggāi] ~해야 한다
- 自己 [zìjǐ] 대 자신, 스스로

Tip '不管~, 都~'는 '~을 막론하고/~에 상관없이, 모두 ~한다'라는 뜻으로 어떤 조건하에서도 결과는 변하지 않는다는 의미로 쓰인다. '不管'뒤에는 반드시 선택적인 상황이 나오며, 뒤 절에는 부사 '都'가 호응한다.

第四部分：简短回答

1 질문 "韩流"是怎么形成的?
예시답안 现在越来越多的人喜欢看韩剧, 他们通过韩国电视剧了解韩国的文化, 所以越来越多的人对韩国文化感兴趣, 也因此韩国的明星, 韩国的东西在中国人气很高, 非常流行, 所以形成了"韩流"。

한글해석 질문: '한류'는 어떻게 형성되었습니까?
예시답안: 현재 점점 많은 사람들이 한국 드라마를 즐겨보고 있습니다. 그들은 한국 드라마를 통해 한국 문화를 이해하게 되었고, 한국 문화에 관심을 갖게 되었습니다. 또한 그로 인해 한국의 스타, 한국 물건이 중국에서 매우 인기가 있고, 유행합니다. 그래서 '한류'가 형성되었습니다.

단어
- 形成 [xíngchéng] 동 형성되다
- 了解 [liǎojiě] 동 이해하다
- 因此 [yīncǐ] 접 이로 인해, 그래서
- 人气 [rénqì] 명 인기
- 流行 [liúxíng] 동 유행하다

Tip '越来越~'는 갈수록 ~하다, 점점 더 ~하다'의 의미로 시간이 지남에 따라 정도가 증가한다는 것을 나타내며, '越~越~'는 '점점, 더욱더, 한층 더'의 의미로 어떤 조건의 변화에 따라 변화됨을 나타낸다.

2 질문 请具体说明一下你家的地理位置。
예시답안 我家很容易找, 从江南站四号出口出来以后, 一直往前走, 大概走十分钟左右, 你会看到一个小书店。在书店的路口往右拐, 就是我家。

한글해석 질문: 당신의 집의 지리위치를 자세히 설명해 보세요.
예시답안: 우리 집은 쉽게 찾을 수 있습니다. 강남역 4번 출구로 나와서, 곧장 앞으로 대략 10분 정도 걸어오시면

실전 모의고사 답안

작은 서점이 보일 겁니다. 서점 길목에서 오른쪽으로 도시면 바로 저희 집입니다.

단어
- 具体 [jùtǐ] 형 구체적으로
- 位置 [wèizhi] 명 위치
- 容易 [róngyì] 형 쉽다
- 大概 [dàgài] 명 개략, 대강
- 路口 [lùkǒu] 명 길목

Tip '左右'는 '가량, 안팎, 정도'의 의미로 주로 나이 중량, 높이, 시간 등의 개략적인 수를 나타낸다. '左右'와 같은 뜻으로 '上下', '前后' 등이 있다. 그러나 시점을 나타내는 시간명사 뒤에는 '前后'만 가능하다.

3
질문 上周末你做了什么?

예시답안 上个周末, 我去超市买了许多好吃的东西, 然后准备了丰盛的晚餐。我约了几个朋友到我家玩。我们一起唱歌, 跳舞, 喝酒, 聊天, 玩得别提多开心了。

한글해석
질문: 지난 주 주말 당신은 무엇을 했습니까?
예시답안: 지난 주말, 저는 슈퍼마켓에 가서 먹을 것들을 잔뜩 사가지고 와서, 풍성한 저녁식사를 준비했습니다. 저는 몇 명의 친구들을 초대해서 집에서 함께 놀았습니다. 우리는 함께 노래도 부르고, 춤도 추고, 술도 마시고, 수다도 떨고 즐겁게 놀았습니다.

단어
- 超市 [chāoshì] 명 슈퍼마켓
- 许多 [xǔduō] 형 매우 많다
- 准备 [zhǔnbèi] 동 준비하다
- 丰盛 [fēngshèng] 형 풍성하다
- 约 [yuē] 동 약속하다

Tip '别提~'는 동사로는 '말하지 말라, 말할 것도 없다, 말할 필요도 없다'의 의미로 쓰이고 부사로는 '말할 것도 없이'라는 의미로 쓰인다.
예) 别提过去的事了. 지나간 일은 언급하지 마라.

4
질문 你觉得应该怎么教育孩子?

예시답안 我听一位教育专家说过, 父母在教育孩子时应该注意三个问题: 第一, 不要总是说孩子不好; 第二, 要多说孩子好的地方; 第三, 要多发现孩子好的地方。

한글해석
질문: 당신은 아이교육을 어떻게 해야 한다고 생각합니까?
예시답안: 저는 한 교육 전문가의 말을 들은 적이 있습니다. 부모가 자녀를 교육할 때 반드시 주의해야 하는 세 가지가 있다고 합니다. 첫째, 아이에게 나쁘다고 말하지 말 것. 둘째, 아이의 좋은 점을 많이 이야기할 것. 셋째, 아이의 좋은 점을 많이 발견할 것.

단어
- 教育 [jiàoyù] 동 교육하다
- 专家 [zhuānjiā] 명 전문가
- 注意 [zhùyì] 동 주의하다
- 问题 [wèntí] 명 문제
- 发现 [fāxiàn] 동 발견하다

Tip 열거를 나타내는 의미로, '第一~, 第二~, 第三~'의 표현이 자주 쓰인다. '첫째는~, 둘째는~, 셋째는~'의 뜻이다.

5
질문 你有午睡的习惯吗?

예시답안 我没有午睡的习惯, 但是我听说, 合理午睡对人们放松心情, 减轻压力能起到不可低估的作用。根据调查显示, 24分钟的午睡是最合理的。所以我以后要尽量午睡。

한글해석
질문: 당신은 낮잠을 자는 습관이 있습니까?
예시답안: 저는 낮잠을 자는 습관이 없습니다. 하지만 제가 듣기로는, 적절한 낮잠은 사람들에게 긴장을 풀어주기도 하고, 스트레스를 줄이는데 있어 간과할 수 없는 역할을 한다고 합니다. 조사에 따르면, 24분의 낮잠이 가장 적절하다고 합니다. 그래서 저는 이후에 가능한 한 낮잠을 자도록 할 것입니다.

단어
- 习惯 [xíguàn] 명 습관
- 合理 [hélǐ] 형 합리적이다
- 低估 [dīgū] 동 과소평가하다
- 调查 [diàochá] 동 조사하다
- 尽量 [jǐnliàng] 부 가능한 한

Tip '根据~'는 전치사로 '~에 따라, 근거하여'의 의미로 보통 근거가 있는 자료 혹은 수치와 함께 쓰인다.
예) 根据统计, 中国的人口增长逐渐得到了控制。
통계에 따르면, 중국의 인구수는 점차적으로 통제되고 있다.

第五部分: 拓展回答

1
질문 最近韩国很流行电视购物, 说说你对电视购物的想法。

예시답안 我觉得电视购物很好, 我也经常在电视购物买东西。电视购物里卖的衣服和包一般都是非常流行的, 款式大方漂亮。价格也非常便宜, 又经济又划算。而且在家里打个电话就送货上门, 十分方便。但是, 有时商品的质量和性能也不像电视里说的那么好。所以要慎重选择, 不要冲动购买。

한글해석
질문: 최근 한국에서는 TV 홈쇼핑이 아주 유행입니다. 당신은 TV 홈쇼핑에 대해서 어떻게 생각하십니까?
예시답안: 저는 TV홈쇼핑이 아주 좋다고 생각합니다. 저도 자주 TV홈쇼핑에서 물건을 구매합니다. TV홈쇼핑에서 파는 옷과 가방은 일반적으로 모두 대단히 유행하고 있는 제품입니다. 디자인은 세련되고 예쁩니다. 가격도 아주 저렴합니다. 경제적이면서도 수지가 잘 맞습니다. 게다가 전화 한 통만 하면 집까지 배달해 주셔서 아주 편리합니다. 하지만 가끔 상품의 품질과 기능이 광고하는 것처럼 그렇게 좋지 못한 경우도 있습니다. 그래서 신중하게 선택하고 충동구매를 하지 말아야 합니다.

단어
- 电视购物 [diànshìgòuwù] 명 TV홈쇼핑
- 款式 [kuǎnshì] 명 디자인
- 大方 [dàfāng] 형 대범하다, 세련되다
- 划算 [huásuàn] 동 수지가 맞다
- 冲动 [chōngdòng] 명 충동

Tip '送货上门: 집까지 상품을 배달해 주다'라는 뜻으로, 쇼핑 문화에 자주 쓰이는 표현이다.
예 最近网上购物非常方便, 所有的东西都可以送货上门。
최근 인터넷 쇼핑은 아주 편리하고, 모든 물건은 모두 집까지 배달가능합니다.

2 질문 你觉得什么交通工具最方便？为什么？

예시답안 我觉得在交通工具中飞机最方便。首先, 飞机的速度很快, 去世界各地都非常方便快捷。同时很安全, 飞机是最安全的交通工具。其次, 坐飞机也是一种享受。飞机的座位非常舒服, 机舱里干净整洁。第三, 飞机起飞和降落的时间十分准确, 所以去海外出差时可以准确的计算时间。总之, 我认为飞机是最安全、最快捷、最方便的交通工具。

한글해석 질문: 당신은 어떠한 교통수단이 제일 편리하다고 생각하시나요? 그 이유를 설명해 보세요.
예시답안: 저는 교통수단중에서 비행기가 가장 편리하다고 생각합니다. 우선, 비행기의 속도는 아주 빠릅니다. 세계 각지에 가는 것이 아주 편리하고 빠릅니다. 동시에 매우 안전합니다. 비행기는 가장 안전한 교통수단입니다. 둘째, 비행기의 탑승감이 매우 좋습니다. 비행기의 좌석은 아주 편안하고 기내는 아주 깨끗하고 청결합니다. 셋째, 이륙과 착륙시간이 정확하기 때문에, 해외 출장 시에 시간을 관리하기가 편리합니다. 요컨대, 저는 비행기는 가장 안전하고, 빠르고, 편리한 교통수단이라고 생각합니다.

단어
- 快捷 [kuàijié] 형 빠르다
- 享受 [xiǎngshòu] 동 누리다
- 舒服 [shūfú] 형 편안하다
- 整洁 [zhěngjié] 동 정연하다
- 负担 [fùdān] 명 부담

Tip 사역동사 '让'는 '~로 하여금 ~하게 하다', '~는 ~를 ~시키다'의 의미를 가진다. 이 외의 사역 동사로는 '使, 叫'가있다.
예 这件事让我觉得很高兴。
이 일은 나로 하여금 기쁘게 하였다.
公司让我去中国出差。
회사는 나로 하여금 중국으로 출장을 가게 하였다.

3 질문 我们每天都坐地铁上下班, 你觉得地铁的优点和缺点是什么？简单说一说。

예시답안 我觉得地铁最大的优点就是快捷方便。地铁几乎遍及城市的每个角落。而且准时准点到达, 车次的间隔也很短。因为有专门的行车轨道, 没有红绿灯, 所以不会出现堵车现象。总之, 地铁不仅让我们的出行变得十分方便, 而且也有利于环境保护。但是地铁的缺点是上下楼梯太多, 人群拥挤。列车进站刹车时噪音太大, 有时还会紧急刹车, 有点儿危险。

한글해석 질문: 우리는 매일 지하철을 타고 출퇴근합니다. 지하철의 장점과 단점이 무엇이라고 생각하시나요? 간단히 설명해 보세요.
예시답안: 저는 지하철의 가장 큰 장점은 빠르고 편리한 것이라고 생각합니다. 지하철은 거의 도시의 각 곳마다 보급이 되어 있습니다. 게다가 출발 및 도착 시간도 정확하고 배차 간격도 아주 짧습니다. 전용 전철 선로가 있기 때문에 신호등도 없고 차가 막히는 현상은 나타나지 않습니다. 요컨대 지하철은 우리의 외출을 보다 많이 편리하게 하였을 뿐만 아니라 환경에 미친 영향도 상대적으로 적습니다. 하지만 지하철의 단점은 오르내리는 계단이 너무 많고 사람이 많아 붐비며, 열차가 역에 들어올 때 소음이 너무 크고 가끔 급정차시 조금 위험합니다.

단어
- 遍及 [biànjí] 동 파급되다
- 角落 [jiǎoluò] 명 구석
- 间隔 [jiàngé] 명 간격
- 刹车 [shāchē] 동 브레이크를 걸다
- 堵塞 [dǔsè] 동 막히다

Tip '总之'는 접속사로서 '총괄적으로 말하자면, 총괄하면, 한마디로 말하면'이라는 뜻이다. 앞 문장을 이어 받아, 뒤의 문장은 위의 문장에 대한 총괄임을 나타낸다.
예 总之, 特此活动举办得非常成功。
요컨대, 이번 행사는 아주 성공적으로 개최됐습니다.

4 질문 在生活中遇到压力的时候你怎么缓解压力？简单说一说。

예시답안 现代人的生活节奏非常快, 在生活中遇到压力是必然的。特别是上班族, 在公司每天都会有很多压力。遇到压力的时候我会一个人出去散散步, 调节一下心情。其次也会跟朋友一起去KTV唱唱歌、跳跳舞, 好好儿放松一下。但是如果压力太大了, 实在是受不了的时候会选择出国旅行, 给自己一点儿个人空间。我觉得压力有时也会是一种很好的动力, 适当的压力是必要的。

한글해석 질문: 일상 생활에서 스트레스를 받을 때 당신은 어떻게 스트레스를 해소합니까? 간단히 말해보세요.
예시답안: 현대인들의 생활 리듬은 아주 빠르기 때문에, 일상에서 스트레스를 받는 것은 필연적인 것입니다. 특히 샐러리맨들은 매일 회사에서 많은 스트레스를 받습니다. 저는 스트레스를 받을 때 혼자 나가서 산책을 하면서 기분을 조절합니다. 아니면 친구들이랑 노래방에 가서 노래도 하고 춤도 추면서 스트레스를 풉

실전 모의고사 답안

니다. 하지만 스트레스가 너무 심하고 더 이상 견디기 힘들 때에는 해외여행을 선택합니다. 개인적인 공간을 갖기 위해서입니다. 저는 스트레스는 가끔은 좋은 원동력이 될 수 있다고 생각하고 적당한 스트레스는 필요하다고 생각합니다.

단어
- 节奏 [jiézòu] 명 리듬
- 压力 [yālì] 명 스트레스
- 放松 [fàngsōng] 동 긴장을 풀다
- 受不了 [shòubuliǎo] 견딜 수 없다
- 适当 [shìdàng] 형 적절하다

Tip '受不了'는 '견딜 수 없다'라는 뜻으로 가능보어 형태다. 긍정형은 '受得了'이고 '견딜 수 있다'로 해석된다.
예) 我受不了上海潮湿的气候。
저는 상하이의 습한 기후를 견딜 수 없습니다.
我受不了喜欢抽烟喝酒的人。
저는 술, 담배를 즐기는 사람을 견딜 수 없습니다.

第六部分：情景应对

1
질문 你妹妹要来北京工作，但是你公司临时有事，无法去机场接机。你拜托你的朋友去接机。请你描述一下你妹妹是什么样的人？

예시답안 小明，我想拜托你去机场接一下我妹妹。我妹妹身高1米60左右，身材很苗条。她留着一头长直发，圆圆的脸，有一双大大的眼睛，长得很可爱。上身穿着粉色的T恤衫，下身穿深蓝色的牛仔裤，手里提着一个红色的手提包。我会告诉我妹妹，让她在10号出口等你。如果你顺利地接到她，就给我发个短信。

한글해석
질문: 당신의 여동생이 북경에 와서 취직하려고 합니다. 하지만 당신은 회사에서 갑자기 일이 생겨서 공항으로 마중나갈 수 없습니다. 당신은 친구한테 대신 공항에 가달라고 부탁합니다. 당신의 여동생을 묘사해 보세요.
예시답안: 샤오밍, 저를 대신해서 공항에 나의 여동생 마중가 주기를 부탁하고 싶습니다. 저의 여동생은 1미터 60 센티미터 정도에 몸매가 아주 날씬합니다. 그녀는 긴 생머리에 둥근 얼굴이고 눈은 아주 크며 귀엽게 생겼습니다. 상의는 핑크색 티셔츠를 입었고 하의는 진한 남색 청바지를 입었습니다. 손에는 빨간색 핸드백을 들었습니다. 제가 여동생한테 10번 출구 앞에서 당신을 기다리라고 전해 놓을게요. 만약 순조롭게 만났다면 문자 한통만 보내주세요.

단어
- 拜托 [bàituō] 명 부탁
- 身材 [shēncái] 명 몸매
- 苗条 [miáotiáo] 형 날씬하다
- 手提包 [shǒutíbāo] 명 핸드백
- 短信 [duǎnxìn] 명 문자

Tip '拜托'는 '부탁하다'의 의미로써 경어이다.
예) 对不起，我想拜托你一件事，可以吗?
죄송합니다만, 한가지 부탁이 있는데 가능할까요?

2
질문 明天是情人节，你想给你的女朋友买一件礼物。请你向礼品店售货员咨询一下。

예시답안 你好! 我想给女朋友买一件礼物。请问，你们这里有适合送给20几岁女孩子的礼物吗？价格方面没有问题，我想要好一点儿的。因为我是第一次给女孩子买礼物，不知道买什么好。现在的女孩子都喜欢什么样的礼物呢？请你给我推荐几款最受欢迎的礼品。最好是精致一点儿的，我女朋友比较喜欢小巧的东西。谢谢!

한글해석
질문: 내일은 발렌타인데이입니다. 당신은 여자친구에게 선물을 사주고 싶습니다. 선물가게 종업원에게 의견을 구해보세요.
예시답안: 안녕하세요! 여자친구에게 선물을 사주고 싶습니다. 당신 가게에는 20대 여자에게 선물할 수 있는 적합한 선물이 있나요? 가격은 상관없고, 조금 좋은 것으로 사고 싶어요. 제가 처음 여자에게 선물을 사주기 때문에 어떤 것을 사면 좋을지 모르겠어요. 요즘 여자들은 어떤 선물을 좋아하나요? 저에게 가장 인기 있는 몇 가지 선물을 추천해주세요. 좀 정교한 것이 가장 좋습니다. 저의 여자친구는 아기자기한 것을 좋아합니다. 감사합니다.

단어
- 礼品 [lǐpǐn] 명 선물
- 适合 [shìhé] 형 적합하다
- 推荐 [tuījiàn] 명 추천
- 受欢迎 [shòuhuānyíng] 인기가 있다
- 精致 [jīngzhì] 형 정교하다

Tip '最好'는 부사로서 '~하는 것이 가장 좋습니다'를 의미한다.
예) 这种天气最好不要去爬山很危险。
이런 날씨에 등산하러 가지 않는 것이 좋습니다. 아주 위험합니다.

3
질문 你是地铁站播音室的负责人，下车时，一位女士和她的孩子走散了。请播出寻找儿童的广播。

예시답안 各位乘客朋友们请注意，现在紧急播放一则寻人启事。如果有看到小男孩儿的乘客，请跟地铁站工作人员联系。走失男童今年六岁，身高1米1左右。皮肤很白，眼睛很大。上身穿着黄色的T恤衫，下身为深蓝色的短裤，是于十分钟前与母亲走散的。如有看到此男孩儿的乘客听到广播后马上与播音室联系。孩子的母亲正在焦急地等待。

한글해석
질문: 당신은 지하철 방송실의 책임자입니다. 하차할 때 한 여성이 아이를 잃어버렸다고 합니다. 아이를 찾는 방송을 해 주세요.
예시답안: 승객 여러분 주의하여 들어 주십시오. 지금 급히

사람을 찾고 있습니다. 만약 이러한 남자아이를 보셨다면 방송실에 알려 주세요. 6살이며, 키는 1m 10cm 정도이고, 피부는 하얀 편이며, 눈은 매우 큽니다. 상의는 노란색 티셔츠를 입고 있으며, 하의는 짙은 남색의 반바지를 입고 있습니다. 약 10분 전에 잃어버렸습니다. 만약 이러한 남자아이를 본 승객이 있으시면 바로 방송실에 알려 주시기 바랍니다. 아이의 엄마가 지금 초조하게 기다리고 있습니다.

단어
- 播音室 [bōyīnshi] 명 방송실
- 寻找 [xúnzhǎo] 동 찾다
- 乘客 [chéngkè] 명 승객
- 紧急 [jǐnjí] 동 긴급하다
- 焦急 [jiāojí] 형 초조하다

Tip '着'는 동태조사로써 사람이나 사물의 동작, 상태의 지속을 나타내며, '동사+着+목적어'의 형태로 쓰인다.
예) 外面下着雨呢, 你别忘了带雨伞。
밖에는 비가 내리고 있습니다. 우산 챙기는 것 잊지 마세요.

第七部分：看图说话

예시답안
① 有一天, 年轻的妈妈带自己的儿子去百货商店买东西。这位妈妈把自己和儿子打扮得都非常漂亮, 开开心心地去逛街。
② 到百货商店门口妈妈发现今天是周末, 商场一楼有很多打折的东西。妈妈非常高兴, 挤到人群中挑选东西。
③ 但是转过身来要结账时发现儿子不见了。妈妈急得一身冷汗, 吓得脸都白了。
④ 她四处寻找孩子, 终于在商场的服务前台找到了孩子。妈妈紧紧地抱住儿子, 流下了欣慰的流水。

한글해석
① 어느 하루, 젊은 어머니는 자기의 아들을 데리고 백화점에서 물건을 사러 갔습니다. 어머니와 아들은 모두 예쁘게 꾸미고 즐겁게 쇼핑을 하고 있었습니다.
② 백화점 입구에 들어서는 어머니는 오늘이 주말이어서 1층 매장에서 많은 할인행사를 하고 있다는 것을 발견했습니다. 어머니는 기분이 너무 좋아서 사람들 사이에서 물건을 고르기 시작했습니다.
③ 하지만 뒤돌아서 결제를 하고자 할 때 아들이 없어진 것을 발견했습니다. 어머니는 급해서 식은 땀이 막 흘러내렸고 얼굴이 창백해졌습니다.
④ 그는 사방에 가서 아이를 찾았고 결국은 백화점 서비스 데스크에서 아기를 찾았습니다. 엄마는 아기를 꼭 껴안고 위안의 눈물을 흘렸습니다.

단어
- 打扮 [dǎban] 동 단장하다, 꾸미다
- 逛街 [guàngjiē] 동 길거리를 한가로이 거닐며 구경하다
- 打折 [dǎzhé] 동 할인하다
- 挑选 [tiāoxuǎn] 동 고르다
- 算账 [suànzhàng] 동 계산하다

Tip '把'자문은 특정 사물이나 사람에게 어떤 행동을 의식적으로 가하여 '어떻게 처리되었는지', '어떤 결과가 발생되었는지' 등을 강조하는 표현이다. 주요 형태는 주어(행동의 주체)+把+목적어(처치 대상)+동작+기타 성분(了/중첩형/보어)이다.
예) 你把这件衣服洗干净。이 옷을 깨끗이 빨아 주세요.
她把她的一切都给你孩子。
그녀는 그녀의 모든 것을 아이에게 주었습니다.

실전 모의고사 2

第二部分：看图回答

1
질문 哪件衣服最便宜？
예시답안 中间绿色的衣服最便宜。

한글해석
질문: 어느 옷이 가장 저렴한가요?
예시답안: 중간의 초록색 옷이 가장 저렴합니다.

단어
- 件 [jiàn] 양 일, 사건 등을 세는 양사
- 衣服 [yīfu] 명 옷
- 便宜 [piányi] 형 싸다
- 中间 [zhōngjiān] 명 중간
- 绿色 [lǜsè] 명 녹색

Tip '最~'는 '가장~', 제일~'라는 뜻으로 최고를 나타낸다.
예) 最喜欢: 제일 좋아하다 / 最累: 제일 힘들다

2
질문 他在哪儿？
예시답안 他在银行, 取了100块钱。

한글해석
질문: 그는 어디에 있습니까?
예시답안: 그는 은행에 있습니다. 100위안을 찾았어요.

단어
- 哪儿 [nǎr] 대 어디, 어느 곳
- 银行 [yínháng] 명 은행
- 取 [qǔ] 동 찾다
- 块 [kuài] 양 원
- 钱 [qián] 명 돈

Tip '在'의 용법은 다양하다. 동사로 쓰일 때 대상의 위치를 나타내고, 전치사로 쓰일 때는 동작이 진행되고 있음을 나타낸다.

3
질문 电脑的前面有什么？
예시답안 电脑的前面有一个手机和一杯咖啡。

한글해석
질문: 컴퓨터의 앞에는 무엇이 있습니까?
예시답안: 컴퓨터의 앞에는 핸드폰 한 개와 커피 한 잔이 있습니다.

실전 모의고사 답안

단어
- 电脑 [diànnǎo] 명 컴퓨터
- 前面 [qiánmian] 명 (공간, 위치 상의) 앞
- 手机 [shǒujī] 명 휴대폰
- 杯 [bēi] 양 컵의 단위
- 咖啡 [kāfēi] 명 커피

Tip 존재를 나타내는 동사는 '有', '在'가 있는데, 각각 '장소+有+불특정 대상', '특정 대상+在+장소' 형태로 쓰인다.

4 질문: 他的钱包在哪儿?
예시답안: 他的钱包在家里, 他忘记带来了。

한글해석 질문: 그의 지갑은 어디에 있습니까?
예시답안: 그의 지갑은 집에 있고 그는 가져오는 것을 잊었습니다.

단어
- 钱包 [qiánbāo] 명 지갑
- 哪儿 [nǎr] 대 어디
- ~里 [lǐ] 접미사 ~안에
- 忘 [wàng] 동 잊다
- 带来 [dàilái] 동 가져오다

Tip '忘+동사'는 뒤에 있는 동작을 잊고 실행하지 못했다는 의미로 동작이 이루어 지지 않음을 나타낸다.
예 我忘吃药了。
나는 약을 먹는 것을 잊었다.

第三部分 : 快速回答

1 질문: 你假期去哪儿旅游了?
예시답안: 我去了上海, 那儿的夜景美极了, 值得去看看。

한글해석 질문: 너 휴가 때 어디에 여행하러 갔었어?
예시답안: 난 상하이에 갔었어, 거기의 야경은 너무 아름다워서 볼만했어.

단어
- 假期 [jiàqī] 명 휴가
- 旅游 [lǚyóu] 동 여행하다
- 夜景 [yèjǐng] 명 야경
- 美 [měi] 형 아름답다
- 极 [jí] 명 최고점

Tip '值得~'는 '~할 만하다, ~할 가치가 있다'는 뜻으로, 가치가 있는 대상은 주어 자리에 오고, 목적어로는 동사구나 문장이 온다.
예 你值得我对你好。
당신은 내가 잘해 줄 만하다.

2 질문: 这个月28号就是新年了。
예시답안: 是呀, 新年就要到了, 大家都忙着办年货, 真有年味儿。

한글해석 질문: 이번 달 28일이 곧 새해네.
예시답안: 맞아, 곧 새해야, 모두들 설맞이 용품을 준비하느라 바쁘네, 진짜 설 분위기가 나는구나.

단어
- 新年 [xīnnián] 명 새해
- 忙 [máng] 동 분주하다, 바쁘게 하다
- 办 [bàn] 동 취급하다, 처리하다
- 年货 [niánhuò] 명 설맞이 용품
- 味儿 [wèir] 명 맛

Tip '就要~了'는 어떤 상황이나 변화가 곧 발생함을 나타낼 때 쓰인다. 보통 '就', '快'를 '要' 앞에 쓰여 시간이 촉박함을 나타낸다.

3 질문: 你怎么不开电视啊?
예시답안: 孩子睡着了, 我怕打开电视吵醒孩子, 所以没开电视。

한글해석 질문: 당신 왜 텔레비전을 안 보고 있어?
예시답안: 아이가 잠들었어, 텔레비전을 켜면 아이가 깰 것 같아서 켜지 않았어.

단어
- 开 [kāi] 동 켜다, 열다
- 电视 [diànshì] 명 텔레비전
- 孩子 [háizi] 명 아이, 어린이
- 睡着 [shuìzháo] 동 잠들다
- 吵醒 [chǎoxǐng] 동 (시끄러워) 잠을 깨다

Tip '怕'의 여러 가지 쓰임
1) 동 무서워하다, 두려워하다.
2) 동 근심하다, 염려하다, 걱정이 되다.
3) 동 ~에 약하다, ~를 참을 수 없다.

4 질문: 谢谢你来参加我的婚礼。
예시답안: 恭喜你, 新娘今天像公主一样漂亮。祝你们白头偕老。

한글해석 질문: 나의 결혼식에 와 주어서 고마워.
예시답안: 축하해, 오늘 신부는 마치 공주처럼 예쁘네. 검은 머리가 파뿌리가 될 때까지 함께 하길 바래.

단어
- 参加 [cānjiā] 동 참가하다, 참여하다
- 婚礼 [hūnlǐ] 명 결혼식
- 恭喜 [gōngxǐ] 동 축하하다
- 新娘 [xīnniáng] 명 신부
- 偕老 [xiélǎo] 동 해로하다

Tip '像~一样'은 '마치 ~와 같다', '~처럼'이라는 뜻으로 비유를 나타낸다. '一样' 뒤에 형용사를 써서 어떤 점이 같은지 나타낸다.
예 爱情像手里的沙一样。
사랑은 손 안의 모래와 같다.

5 질문: 真是不好意思, 我又迟到了。
예시답안: 没有, 还有五分钟呢。不过你差点儿就真的迟到了, 下次早点儿来吧。

한글해석 질문: 진짜 미안해요, 제가 또 늦었네요.
예시답안: 아니요, 아직 5분 남았어요. 하지만 당신은 하마터면 진짜 늦을 뻔 했어요. 다음에 좀 일찍 오세요.

단어
- 又 [yòu] 퇴 또
- 迟到 [chídào] 동 지각하다
- 还 [hái] 퇴 아직
- 分钟 [fēnzhōng] 명 분
- 下次 [xiàcì] 명 다음 번

Tip '差点儿'은 '하마터면 ~할 뻔했다'는 의미로 그렇게 되지 않았다는 뜻으로 쓰인다. 부정적인 내용이 나왔을 때 앞에 부정 부사의 유무와 상관없이 그 일이 발생하지 않았음을 나타낸다.

第四部分：简短回答

1 질문: 你觉得喝酒一定对身体有害吗？
예시답안: 我觉得只要不过度, 适当饮酒可以营造良好的氛围, 缓解生活的压力。在遇到烦恼的时候, 可以和朋友一边喝酒, 一边诉说你所担心的事。所以喝酒不是一定对身体有害。

한글해석 질문: 당신은 음주는 반드시 건강에 안 좋다고 생각합니까?
예시답안: 저는 과도하게 마시지 않으면 적당한 음주는 사람에게 좋은 분위기를 만들어 줄 수 있고, 생활의 스트레스를 풀어줄 수 있다고 생각합니다. 때로는 당신이 괴로운 일을 당했을 때, 친구와 술을 마시면서 생활 속의 걱정거리를 하소연할 수 있습니다. 그래서 음주는 꼭 건강에 나쁘다고만 할 수 없습니다.

단어
- 过度 [guòdù] 형 과도하다
- 适当 [shìdàng] 형 적당하다
- 气氛 [qìfēn] 명 분위기
- 缓解 [huǎnjiě] 동 완화되다
- 烦恼 [fánnǎo] 형 걱정스럽다, 근심스럽다

Tip '一边~一边~'는 '~하면서 ~하다'의 의미로 한 동작이 다른 동작과 동시에 진행됨을 나타낸다.
예 我一边吃饭一边看电视。
나는 밥을 먹으면서 텔레비전을 본다.

2 질문: 你对"就业难"怎么想？
예시답안: 我觉得现在的大学毕业生"就业难"不是没有工作岗位, 而是大学毕业生不愿意找收入低, 辛苦的工作。其实我觉得进入小公司工作或者自己创业也可以是不错的就业途径。

한글해석 질문: 당신은 '취업난'에 대해서 어떻게 생각합니까?
예시답안: 저는 요즘 대학 졸업생의 '취업난'은 일자리가 없어서가 아니라, 대학졸업자들이 수입이 낮거나 힘든 직업을 원하지 않기 때문에 발생되는 것이라고 생각합니다. 사실 저는 작은 회사 혹은 스스로 창업을 하는 것도 좋은 취업의 길이라고 생각합니다.

단어
- 就业难 [jiùyènán] 취업난
- 岗位 [gǎngwèi] 명 직장
- 创业 [chuàngyè] 동 창업하다
- 或者 [huòzhě] 접 혹은
- 途径 [tújìng] 명 방법, 수단

Tip '其实'는 부사로 '사실은, 실제는'의 의미로 쓰인다. 앞 절의 내용과 상반된 내용 혹은 앞서 말한 내용을 수정, 보충할 경우 사용한다.

3 질문: 你退休以后想做什么？
예시답안: 我退休以后想好好享受老年生活, 也许会加入一个老年社团, 交很多朋友, 偶尔跟朋友们一起去旅行。还要养花, 学习跳舞和画画。

한글해석 질문: 당신은 퇴직 후에 무엇을 하고 싶습니까?
예시답안: 저는 퇴직 후에는 황혼생활을 마음껏 누리고 싶습니다. 아마도 한 노인단체에 가입하고, 많은 친구를 사귀고, 가끔 친구들과 여행도 다닐 것입니다. 또는 꽃도 가꾸고, 춤과 그림도 배울 것입니다.

단어
- 退休 [tuìxiū] 명 퇴직하다
- 享受 [xiǎngshòu] 동 누리다, 향유하다
- 社团 [shètuán] 명 동아리
- 偶尔 [ǒu'ěr] 퇴 때로는
- 跳舞 [tiàowǔ] 동 춤을 추다

Tip '也许/可能'은 '아마도~, ~일 수도 있다'라는 뜻으로 추측의 문장을 나타낸다.
예 他可能是韩国人。그는 아마도 한국사람일거야.

4 질문: 你经常在家吃饭还是出去吃饭？
예시답안: 结婚以前我很少做饭, 经常在外面吃。结婚以后就常常下厨房, 在家吃饭了。但是我做饭不是很好吃, 有时做砸了, 就出去吃。

한글해석 질문: 당신은 자주 집에서 밥을 해 먹습니까? 아니면 외식을 자주 합니까?
예시답안: 결혼 이전에 저는 밥을 거의 하지 않고, 자주 나가서 먹었습니다. 결혼 이후에 자주 집에서 밥을 하고, 집에서 밥을 먹습니다. 하지만 저는 요리를 잘 하지는 않아서, 때로는 망칠 때도 있습니다. 그럴 때에는 외식을 합니다.

실전 모의고사 답안

단어
- 还是 [háishi] 접 아니면~
- 结婚 [jiéhūn] 동 결혼하다
- 以前 [yǐqián] 명 과거, 이전
- 厨房 [chúfáng] 명 주방
- 有时 [yǒushí] 부 때로는

Tip '砸'는 관용어로, 어떤 일을 성공하지 못했음을 나타낸다. 단독으로 쓰이거나, 동사 뒤에 놓인다.

5 질문: 请你介绍一下你今天的穿着。

예시답안: 我今天穿了灰色细条纹衬衫, 打了蓝底白点的领带, 穿了黑色的西装裤。我的这条裤子是化纤面料, 又防风又防水, 质地很结实, 而且价格也很适中。

한글해석
질문: 당신이 오늘 어떤 옷을 입었는지 소개해 보세요.
예시답안: 오늘 저는 가느다란 회색 줄무늬 와이셔츠를 입고, 남색 바탕에 흰 점 문양이 있는 넥타이를 맸습니다. 또 검정색 정장바지를 입고 있습니다. 이 바지는 화학섬유 옷감이고, 바람과 비를 막아주고, 원단이 튼튼합니다. 게다가 가격도 적당합니다.

단어
- 穿着 [chuānzhuó] 명 옷차림
- 衬衫 [chènshān] 명 와이셔츠
- 领带 [lǐngdài] 명 넥타이
- 化纤 [huàxiān] 명 화학 섬유
- 质地 [zhìdì] 명 재질

Tip '옷을 입다', '신발을 신다', '바지를 입다'의 동사는 모두 '穿'를 쓰고 '넥타이를 매다'의 동사는 '打'이다. 또 모자, 가방, 스카프 등 몸에 걸치는 동사 '戴'를 쓴다.

第五部分: 拓展回答

1 질문: 为了退休以后的生活你都做了哪些准备？你觉得什么准备最重要。

예시답안: 我打算三十年后退休。我认为幸福的退休生活最重要的是宽裕的经济条件和健康的身体。我从五年前开始就为了退休后的生活每月定期存退休金。同时还打算通过打高尔夫球保持健康。听说, 退休后因为自由时间突然增多反而会觉得心里空虚。如果真是那样的话, 通过我的爱好, 即可以享受业余生活, 还可以更加健康。我觉得这样就可以过上幸福的退休生活了。

한글해석
질문: 당신은 은퇴 후의 생활을 위하여 무엇을 계획하고 계신가요? 가장 중요하게 준비하는 것이 무엇인가요?
예시답안: 저는 앞으로 30년 후에 은퇴를 할 예정입니다. 은퇴 후의 생활을 위하여 가장 중요한 것은 경제적인 여유와 건강이라고 생각합니다. 저는 노년의 여유로운 생활을 위해서 5년 전부터 매달 노후연금을 저축하고 있습니다. 그리고, 취미인 골프를 통해 건강도 함께 지키고자 하고 있습니다. 은퇴를 하면서 갑자기 늘어난 자유시간 때문에 오히려 공허한 마음이 들 수도 있다고 합니다. 이럴 때, 취미생활을 즐기면서 건강도 함께 챙길 수 있다면 행복한 노후생활을 보낼 수 있다고 생각합니다.

단어
- 退休 [tuìxiū] 명 퇴직
- 宽裕 [kuānyù] 형 여유롭다
- 突然 [tūrán] 부 갑자기
- 反而 [fǎnér] 접 오히려
- 空虚 [kōngxū] 형 공허하다

Tip '反而'부사로써 '반대로, 도리어, 거꾸로, 오히려, 역으로, 그런데'라는 뜻을 나타내며 앞 문장과 상반되거나 뜻밖임을 나타내며, 전환 작용을 한다.
예) 昨天晚上一夜没睡好, 今天反而更加精神。
어제 저녁 밤새 잘 자지 못했는데 오늘 오히려 더욱더 활기 찹니다.

2 질문: 你知道什么叫"裸婚"吗？你能接受吗？简单说一说。

예시답안: 我知道"裸婚"的意思。"裸婚"是指双方没有任何经济基础, 结婚只领取证件, 没有车、没有房子、也没有婚宴, 甚至没有存款。是近年来非常流行的一种自由式婚礼, 80后裸婚的较多。我觉得婚姻是个很现实的问题, 如果没有任何经济基础, 婚姻生活中将会出现很多矛盾, 尤其是在赡养父母和养育孩子方面经济问题会很严重。所以我很难接受裸婚, 我觉得没有经济基础的爱情很难幸福。

한글해석
질문: 당신은 '裸婚'의 뜻을 알고 있습니까? 당신은 이를 받아드릴 수 있습니까? 간단히 말해보세요.
예시답안: 나는 '裸婚'의 뜻을 알고 있습니다. '裸婚'이란 양측이 경제적 기반도 없이 단지 혼인신고만 한 형태에서 하는 결혼입니다. 차도 없고 집도 없고 예식도 없고 심지어 모아놓은 금액도 없습니다. 최근 몇 년 동안 매우 유행하고 있는 자유 결혼식입니다. 80년대 후반에 태어난 사람들이 많이 하고 있습니다. 저는 결혼은 아주 현실적인 문제라고 생각됩니다. 만약 아무런 경제적 기초도 없으면 결혼생활에서 많은 어려움이 생길 것입니다. 특히 부모를 부양하고 자식을 키우는 면에서 경제적인 문제가 발생할 것입니다. 따라서, 저는 이러한 결혼방식에 수긍할 수 없습니다. 저는 경제적 기반이 없는 사랑은 행복하기 힘들다고 생각합니다.

단어
- 存款 [cúnkuǎn] 명 저금
- 领取 [lǐngqǔ] 동 수령하다
- 矛盾 [máodùn] 명 모순
- 赡养 [shànyǎng] 동 부양하다
- 养育 [yǎngyù] 동 양육하다

Tip '甚至'는 부사로서 심지어라는 뜻이다. 주어 앞뒤에 위치할 수 있으며 사실 또는 극단적인 사례 등을 강조하는 데 사용된다.

예) 最近生活压力很大, 甚至有人做三份工作。
최근 생활상의 스트레스가 아주 큽니다. 심지어 어떤 사람은 일을 세 가지나 합니다.

3 질문) 一个人到另外一个城市或国家, 是否要按当地的习惯处理事情。简单说一说。

예시답안) 随着现代社会经济的高速发展, 很多人都选择到异国他乡生活, 追求自己的梦想。我觉得去了国外就应该按照当地人的习惯处理事情。因为, 首先中国有句老话叫作"入乡随俗"。不同的国家有不同的习俗, 而且通常有相关法律规定保护本国文化。如果不懂得尊重这样的习俗, 那么就很难融入到那里的文化之中。其次不同地域人们的思维方式也不一样, 我们应该理解对方的想法和观念。所以, 无论我们到了哪里, 最好要按照当地的习惯处理事情。

한글해석)
질문: 한 사람이 다른 도시 혹은 국가에 갔을 때, 현지의 습관에 따라 일을 처리해야 될까요? 간단히 말해 보세요.
예시답안: 현대사회 경제의 고속발전에 따라 많은 사람들이 다른 나라에 가서 생활하면서 자신의 꿈을 추구하고 있습니다. 저는 마땅히 현지의 습관에 따라 일을 처리해야 한다고 생각합니다. 왜냐하면 우선 중국에는 '로마에 가면 로마의 법을 따라라'와 같은 속담이 있습니다. 서로 다른 국가에는 서로 다른 풍습이 있습니다. 게다가 통상적으로 해당 국가의 법률법규로 본토의 문화를 보호하기도 합니다. 만약 이러한 풍습을 존중할 줄 모른다면 그 곳의 문화에 융합하기 어렵습니다. 둘째, 각 지역 사람들의 사고방식도 서로 다릅니다. 우리는 상대방의 생각과 관념을 이해해야 합니다. 따라서, 우리가 어느 곳에 가더라도, 현지의 습관에 따라 일을 처리해야 합니다.

단어)
- 随着 [suízhe] 동 ~에 따라
- 追求 [zhuīqiú] 동 추구하다
- 按照 [ànzhào] 개 ~에 따라
- 入乡随俗 [rùxiāngsuísú] 로마에 가면 로마법을 따라야 한다
- 融入 [róngrù] 동 융합되다

Tip) 접속사 '无论'은 也/都와 호응하여 쓰이며, '~하더라도, ~이다'의 의미를 나타낸다.
예) 无论明天天气好坏, 我们都会去爬山。
내일 날씨가 좋든 안 좋든, 우리는 등산갈 것이다.
他无论多么累, 从来也没有迟到过。
그는 아무리 피곤해도, 여태 지각한 적이 없다.

4 질문) 饮食习惯与健康有没有关系? 为什么?

예시답안) 我认为饮食习惯与健康有非常密切的关系。俗话说得好"人是铁, 饭是钢", 这句话告诉我们饮食的重要性。但是不科学的饮食习惯, 会损害身体健康。所以一日三餐定时定量, 少吃零食。讲究饮食卫生, 不吃腐烂变质霉变食品。少吃油炸食物, 不吃过烫食物。即要不偏食, 也要不挑食。总之, 培养良好的饮食习惯, 适量地运动, 有助于我们的身体健康。

한글해석)
질문: 식습관과 건강은 관계가 있습니까? 그 이유를 설명해 보세요.
예시답안: 저는 식습관과 건강은 밀접한 관계가 있다고 생각합니다. 속담에 이런 말이 있습니다. '사람이 무쇠라면 밥은 강철이다' 이 속담은 우리에게 식사의 중요성을 알려줍니다. 하지만 과학적이지 못한 식습관은 몸의 건강을 해칩니다. 그래서 하루 세 끼는 양을 정해서 드시고 간식은 적게 먹습니다. 음식위생을 잘 주의하고 유통기한이 지나거나 상한 음식은 먹지 말아야 합니다. 튀긴 음식도 적게 드시고 너무 뜨거운 음식도 먹지 않아야 합니다. 편식을 하지 마시고 음식을 가리지도 말아야 합니다. 요컨대, 좋은 식습관을 양성하고 적절하게 운동하는 것은 우리의 건강에 도움이 됩니다.

단어)
- 密切 [mìqiè] 형 밀접하다
- 俗话 [súhuà] 명 속담
- 损害 [sǔnhài] 동 손해를 입다
- 偏食 [piānshí] 명 편식
- 适量 [shìliàng] 형 적당하다

Tip) '即~也'는 병렬관계를 나타내며, 동시에 두 가지 성질이나 상황을 지니고 있음을 나타낸다. 앞 절과 뒤 절의 구조는 같아야 한다.
예) 既可以游览名胜古迹, 也可以吃到很多地道的菜。
명승고적을 구경할 수 있을 뿐만 아니라, 많은 본토 음식을 먹을 수도 있다.
他既不懂英语, 也不懂韩国语。
그는 영어를 못할 뿐 아니라 한국어도 못한다.

第六部分: 情景应对

1 질문) 你打算邀请中国客户吃饭, 请给饭店打电话预定座位和告诉他们上菜时的注意事项。

예시답안) 你好, 我想预定一个明天下午的包间。我要宴请一位很重要的客人吃饭。你们有比较宽敞安静点儿的包间吗? 请为我安排一下。我们大概下午一点左右到达。另外我们有重要的投资项目要谈, 所以不希望有任何人打扰, 包括服务员。所以在我们到达之前我希望你们可以把菜上好。而且, 我的客户不爱吃辣的, 做菜不要做得太辣、太咸。谢谢!

한글해석)
질문: 당신은 중국손님을 초대하여 식사를 하려고 합니다. 식당에 전화하여 자리 예약 및 서빙 시의 주의사항을 알려주세요.
예시답안: 안녕하세요. 내일 오후에 룸을 예약을 하려고 하는데요. 매우 중요한 손님을 대접하려고 해요. 비교적 넓고 조용한 룸이 있나요? 우리는 대략 오후 1시쯤에 도착할 것 같아요. 그리고 우리는 매우 중요한 투자

실전 모의고사 답안

에 대해 이야기하려고 해요. 그렇기 때문에 직원을 포함하여, 아무도 들어오지 않았으면 좋겠어요. 그렇기 때문에 우리가 도착하기 전에 모든 요리가 준비 끝나도록 해 주세요. 그리고 제 손님께서는 매운 음식을 좋아하지 않기 때문에, 너무 맵고 짜지 않게 요리해 주세요. 감사합니다.

단어
- 邀请 [yāoqǐng] 동 초대하다
- 客户 [kèhù] 명 고객
- 预订 [yùdìng] 명 예약
- 包间 [bāojiān] 명 독방, 룸
- 投资 [tóuzī] 명 투자

Tip '另外'는 '이 외에, 이 밖에'의 의미로 단문·문장·단락을 연결하여 병렬 관계를 나타낸다.

> 예 买了一套家具，另外还添置了一些日用品。
> 가구 한 세트를 샀고, 이 외에 몇 가지 일용품도 추가로 샀다.

2

질문: 你在出租车上捡到了一个皮包，皮包里有失主的名片。请你给失主打电话说明情况。

예시답안: 喂, 你好! 请问是小丽小姐吗? 我叫小明。今天下午我在出租车上捡到了一个皮包, 里面有你的名片。我想, 就算这个钱包不是你的, 也一定是你认识的人的。所以打电话向你确认一下。如果是你的, 麻烦你说一下皮包中都有哪些东西。这个号码是我的电话, 你什么时候方便来取皮包, 请提前给我打个电话。我住在首尔市中区明洞路101号。

한글해석
질문: 당신은 택시 안에서 가죽가방을 하나 주웠습니다. 가죽가방 안에는 분실자의 명함이 들어 있습니다. 가방주인에게 전화하며 상황을 설명하세요.

예시답안: 여보세요, 안녕하세요! 샤오리씨이신가요? 저는 샤오밍이라고 합니다. 오늘 오후에 택시에서 가죽가방을 하나 주웠는데, 안에 당신의 명함이 있네요. 제 생각에는 만약 이 가죽가방이 당신의 것이 아니더라도, 당신이 아는 사람의 것 같아요. 그래서 확인차 전화 드렸습니다. 만약에 당신의 것이라면 가방 안에는 어떤 것들이 있는지 말해 주세요. 이 번호는 저의 전화번호 입니다. 편하실 때 제게 미리 연락하시고 가져 가세요. 저는 서울시 중구 명동101로에 있습니다.

단어
- 出租车 [chūzūchē] 명 택시
- 捡 [jiǎn] 동 줍다
- 就算 [jiùsuàn] ~하더라도
- 确认 [quèrèn] 명 확인
- 提前 [tíqián] 미리

Tip '就算'은 '설령(설사) ~하더라도(할지라도·일지라도)'의 의미로 가정 겸 양보 관계를 나타내며, 뒷 문장의 '也'와 호응한다.

> 예 就算他说的不对, 你也不该发那么大的火。
> 설령 그가 말한 것이 틀렸다 하더라도, 네가 그렇게 화를 내어서는 안 되지.

3

질문: 你的同屋小丽特别喜欢打电话聊天, 一打就是好几个小时, 打扰你工作和休息。对于这种情况你应该怎么跟她说明。

예시답안: 小丽, 我想跟你谈一谈。转眼间我们也一起住了四年了。我们不仅是同屋, 也是非常要好的朋友。有些事情我说了希望你别介意, 也不要生气。我知道你很喜欢跟人聊天, 性格也很开朗, 但是, 在晚上睡觉时间打电话还是不太好, 对吗? 我是一个比较内向, 喜欢安静的人。所以说实话, 你跟朋友打电话的时间过长, 影响了我的休息和工作。过了晚上十二点可不可以早点儿休息, 不要跟朋友聊得太晚。

한글해석
질문: 당신의 룸메이트 샤오리는 전화로 이야기하는 것을 매우 좋아합니다. 한 번 전화하면 몇 시간씩 통화를 하여, 당신의 일과 휴식을 방해합니다. 이러한 상황에서 당신은 그와 어떻게 이야기할 것인가요?

예시답안: 샤오리, 너와 할 이야기가 있어. 우리가 함께 산지 벌써 4년이나 되었네. 우리는 룸메이트일뿐만 아니라 정말 좋은 친구이기도 해. 내가 하려고 할 말을 네가 맘에 담아 두거나, 화내지 않았으면 좋겠어. 너가 사람들과 이야기를 나누는 것을 좋아하고 성격도 매우 명랑하다고 알고 있어. 하지만 저녁에 잠을 자야 할 시간에도 계속 통화하는 것은 조금 안좋아. 나는 비교적 내향적이고, 조용한 것을 좋아하는 사람이야. 솔직히 말해서 네가 친구들이랑 통화하는 시간이 너무 길어서 나의 휴식과 일에 지장을 조금 주고 있어. 밤 12시가 넘으면 친구와 통화하지 말고 일찍 휴식을 취하도록 하자.

단어
- 同屋 [tóngwū] 명 룸메이트
- 聊天 [liáotiān] 동 이야기하다
- 转眼间 [zhuǎnyǎnjiān] 어느덧
- 介意 [jièyì] 동 개의하다
- 影响 [yǐngxiǎng] 명 영향

Tip '不仅~也/而且/还'는 '단지 ~일 뿐만 아니라, 게다가'라는 의미로 점층관계를 나타내는 접속사이다.

> 예 我不仅会说汉语，也会说韩国语。
> 저는 중국어를 할 수 있을 뿐만 아니라 한국어도 할 수 있습니다.
> 他不仅学历高，而且长得还很帅。
> 그는 학력이 높을 뿐만 아니라 잘 생겼습니다.

第七部分：看图说话

예시답안
① 有一天，小明和小丽去公园约会。两个人因为结婚问题吵了起来。小丽觉得小明已经不再让着自己觉得很伤心。
② 她一气之下一个人坐地铁回了家。回家的路上她以为小明会在后面跟着自己，她回头看了好几次，也没有小明的身影，所以她十分失望。
③ 到家以后她打开包准备拿出钥匙开门。但是突然发现包里有一个小礼品盒。
④ 她好奇地打开盒子一看原来是小明送给她的求婚戒指。小丽误解了小明的意思，她觉得很愧疚，马上给小明打电话道歉。

한글해석
① 어느 하루, 샤오밍과 샤오리는 공원에서 데이트 하고 있었어요. 두 사람은 결혼문제 때문에 말다툼을 하게 됐어요. 샤오리는 샤오밍이 자기를 더 이상 양보를 하지 않는다는 것을 느껴 매우 슬퍼했습니다.
② 그녀는 화난 김에 혼자서 지하철 타고 집에 갔습니다. 집에 돌아가는 길에 그녀는 샤오밍이 자신을 뒤쫓아 올 줄 알았는데 뒤돌아 몇 번을 보아도 그의 모습이 보이지 않아, 그녀는 매우 실망했습니다.
③ 집에 돌아온 후 그는 가방에서 열쇠를 꺼내 문을 열려고 했는데 갑자기 가방 안에 작은 선물 박스가 있다는 것을 발견했습니다.
④ 그녀는 궁금해서 박스를 열어 보니 안에는 샤오밍이 자신에게 선물하려 했던 청혼 반지였다. 샤오리는 샤오밍의 뜻을 오해하여 미안함을 느끼고 바로 샤오밍에게 사과 전화를 했습니다.

단어
- 约会 [yuēhuì] 명 데이트
- 让 [ràng] 동 양보하다
- 失望 [shīwàng] 동 실망하다
- 好奇 [hàoqí] 동 호기심을 갖다
- 愧疚 [kuìjiù] 동 송구스럽다

Tip '不再~'는 '더 이상 ~하지 않다'라는 뜻이다.
예 我不再考虑了, 就这样决定吧。
저는 더 이상 고려하지 않겠습니다. 바로 이렇게 결정하시죠.

실전 모의고사 3

第二部分：看图回答

1
질문 他在做什么呢?
예시답안 他一边看报纸一边听音乐。

한글해석
질문: 그는 무엇을 하고 있습니까?
예시답안: 그는 신문을 보면서 음악을 듣습니다.

단어
- 做 [zuò] 동 ~하다
- 看 [kàn] 동 보다
- 报纸 [bàozhǐ] 명 신문
- 听 [tīng] 동 듣다
- 音乐 [yīnyuè] 명 음악

Tip '一边+동작, 一边+동작'형태의 구문은 두 가지 동작이 동시에 발생하고 있음을 나타낼 때 쓰인다. 여기서 중요한 것은 '一边' 뒤에는 반드시 동사가 온다는 점이다.

2
질문 她手里拿着什么?
예시답안 她左手拿着包, 右手拉着孩子

한글해석
질문: 그녀의 손에는 무엇을 가지고 있습니까?
예시답안: 그녀의 왼손에는 가방을 들고 있고, 오른손에는 아이를 잡고 있습니다.

단어
- 手 [shǒu] 명 손
- 拿 [ná] 동 들다
- 包 [bāo] 명 가방
- 拉 [lā] 동 끌다, 잡다
- 孩子 [háizi] 명 아이

Tip 동태동사 '着'는 동사 뒤에 쓰여, 동작이나 상태의 지속을 나타낸다.
예 放着: 놓여 있다 | 看着: 보고 있다 | 等着: 기다리고 있다

3
질문 他的生日是几月几号?
예시답안 他的生日是十二月二十五号, 也是圣诞节。

한글해석
질문: 그의 생일은 몇 월 며칠입니까?
예시답안: 그의 생일은 12월 25일이며, 크리스마스이기도 합니다.

단어
- 生日 [shēngrì] 명 생일
- 月 [yuè] 명 달, 월
- 号 [hào] 명 (차례나 순번을 표시하는) 번호
- 也 [yě] 부 ~도
- 圣诞节 [shèngdànjié] 명 크리스마스

Tip '几'는 '몇'이라는 뜻으로 묻는 사람이 그 수량이 적다(10미만)고 생각하고 물을 때 쓰인다. '几+양사'형태로 반드시 양사와 함께 쓰인다.

4
질문 他的电话号码是多少?
예시답안 他的电话号码是幺三八八六八六六六八, 他的电话号码很好。

한글해석
질문: 그의 전화번호는 몇번입니까?
예시답안: 그의 전화번호는 138-8868-66680이며, 그의 전화번호는 너무 좋아요.

실전 모의고사 답안

단어
- 的 [de] 조 ~의
- 电话 [diànhuà] 명 전화
- 号码 [hàomǎ] 명 번호, 숫자
- 多少 [duōshǎo] 대 얼마, 몇
- 好 [hǎo] 형 좋다

Tip 중국에서 일련 번호(방 번호, 차 번호, 전화번호 등)는 숫자를 하나씩 읽는다, 이때 주의할 점은 숫자 '1'은 '幺'(yāo)로 읽는다는 점이다.

第三部分：快速回答

1 질문 你哪儿不舒服?
예시답안 我肚子不太舒服。从昨天起一直拉肚子, 还恶心。

한글해석 질문: 어디가 아프신가요?
예시답안: 배가 좀 아파요. 어제부터 줄곧 배탈이 났고, 또 속이 메슥거려요.

단어
- 舒服 [shūfu] 형 편안하다
- 一直 [yìzhí] 부 줄곧, 계속
- 拉 [lā] 동 끌다
- 肚子 [dùzi] 명 배
- 恶心 [ěxin] 동 속이 메스껍다

Tip '从~起~'는 '~부터 시작하다'라는 의미로 시작점을 나타낸다.
예 从今天起, 我要开始减肥。
오늘부터 다이어트를 시작할거야.

2 질문 下个月我要去中国出差。
예시답안 怪不得你最近每天都加班, 原来是要去出差啊, 祝你一切顺利。

한글해석 질문: 다음달에 난 중국에 출장을 가.
예시답안: 어쩐지 요즘 매일 야근을 하더라, 출장을 가는구나. 모든 일이 순조롭길 바래.

단어
- 出差 [chūchāi] 동 출장하다
- 加班 [jiābān] 동 초과근무를 하다
- 原来 [yuánlái] 부 알고 보니
- 一切 [yíqiè] 대 전부, 모든
- 顺利 [shùnlì] 형 순조롭다

Tip '怪不得~'는 '어쩐지~'라는 의미로 단독으로 쓰이기도 하지만, 흔히 원인을 끌어 내는 '原来(yuánlái: 알고 보니)~'와 호응하여 많이 쓰인다.

3 질문 你想找个什么样的女朋友?
예시답안 一要漂亮, 二要温柔, 三要聪明。最重要的是要善良。

한글해석 질문: 넌 어떤 여자친구를 만나고 싶어?
예시답안: 첫째는 예뻐야 하고, 둘째는 온유해야 하고, 셋째는 똑똑해야 해. 제일 중요한 것은 착해야 해.

단어
- 漂亮 [piàoliang] 형 예쁘다
- 温柔 [wēnróu] 형 온유하다
- 聪明 [cōngming] 형 똑똑하다
- 重要 [zhòngyào] 형 중요하다
- 善良 [shànliáng] 형 착하다

Tip '一要~, 二要~, 三要~'는 열거를 나타내는 표현으로, '첫째는 ~해야 하고, 둘째는 ~해야 하고, 셋째는 ~해야 한다'는 뜻으로 어떤 조건을 동시에 만족해야 한다는 의미로 쓰인다.

4 질문 我又胖了, 怎么办啊?
예시답안 你天天晚上吃夜宵能不胖吗? 如果晚上少吃点, 肯定能瘦。

한글해석 질문: 나 또 살 쪘어, 어떻게 하지?
예시답안: 너 매일 저녁에 야식을 먹는데 살이 안찔리가 있겠어? 저녁에 조금 먹으면 꼭 날씬해질거야.

단어
- 胖 [pàng] 형 뚱뚱하다
- 夜宵 [yèxiāo] 명 야식
- 以后 [yǐhòu] 명 이후
- 肯定 [kěndìng] 부 확실히
- 瘦 [shòu] 형 날씬하다, 마르다

Tip '能不~吗?'는 '~안 할 리가 있겠니? ~안 할 수가 있을까?'의 의미로 당연히 ~해야 한다는 의미를 강조하기 위해 쓰인 반어문 형태이다.

5 질문 这是给你的礼物!
예시답안 今天又不是我的生日, 为什么送我礼物啊? 有什么事儿吗?

한글해석 질문: 이건 너에게 주는 선물이야.
예시답안: 오늘 나의 생일도 아닌데, 왜 나에게 선물을 주는 거야? 무슨 일 있어?

단어
- 给 [gěi] 동 ~에게 주다
- 礼物 [lǐwù] 명 선물
- 生日 [shēngrì] 명 생일
- 为什么 [wèishénme] 부 왜
- 送 [sòng] 동 선물하다, 증정하다

Tip '又不是~/有没(有)~'는 '~(한 것)도 아닌데/~(한 것)도 아니었는데'라는 의미로 '又'는 부정문의 어기를 강조한다.
예 你又不是我, 怎么知道我的想法?
네가 내가 아닌데, 어떻게 나의 생각을 알겠어?

第四部分：简短回答

1
- 질문: 在你们国家，别人结婚一般送什么礼物？
- 예시답안: 在我们国家，别人结婚的时候我们一般送礼金，礼金的数额大概是三万，五万，十万。关系好的话会更多，或者问结婚的朋友需要什么，就给他买什么。

한글해석
- 질문: 당신의 국가에서는 다른 사람이 결혼을 할 때 보통 무슨 선물을 합니까?
- 예시답안: 우리 나라에서, 다른 사람이 결혼을 할 때 보통 축의금을 냅니다. 축의금의 액수는 대략 3만 원, 5만 원, 10만 원입니다. 관계가 좋으면 더 많이 내곤 합니다. 혹은 결혼할 친구에게 무엇이 필요한지 물어보고, 필요한 것을 사줍니다.

단어
- 礼金 [lǐjīn] 명 축의금
- 数额 [shù'é] 명 액수
- 关系 [guānxi] 명 관계
- 或者 [huòzhě] 접 혹은
- 需要 [xūyào] 동 필요하다

Tip '大概'는 '대강, 대략, 대충'의 뜻으로 수량이나 시간에 대한 부정확한 예측을 나타낸다. 비슷한 뜻으로 '大约'가 있다.

2
- 질문: 你喜欢买名牌儿货还是质量不错的中档货？为什么？
- 예시답안: 我比较喜欢买质量不错的中档货，因为我还是一个小职员，工资并不高。而且我觉得买东西是自己要用的，并不是给别人看的。所以没有必要买名牌儿货。

한글해석
- 질문: 당신은 명품 사는 것을 좋아합니까? 아니면 품질이 좋은 중급의 물건을 사는 것을 좋아합니까? 그 이유는 무엇입니까?
- 예시답안: 저는 품질이 좋은 중급의 물건을 사는 것을 좋아합니다. 왜냐하면 저는 아직 평범한 직원이고, 월급도 높지 않습니다. 게다가 제가 물건을 사는 것은 스스로 사용하기 위해 사는 것이고, 다른 사람에게 보여주기 위한 것은 아닙니다. 그래서 명품을 살 필요가 없습니다.

단어
- 名牌 [míngpái] 명 유명 브랜드
- 质量 [zhìliàng] 명 품질
- 中档货 [zhōngdànghuò] 명 중급의 물건
- 工资 [gōngzī] 명 월급
- 必要 [bìyào] 명 필요

Tip '所以'는 결과를 나타내는 접속사로 원인을 나타내는 '因为'과 함께 호응하여 쓰여 '~때문에 그래서 ~하다'의 의미로 쓰인다. 종종 '因为'를 생략하기도 한다.

3
- 질문: 你生病的时候是去看韩医还是看西医？
- 예시답안: 我生病的时候一般会去看西医，因为西医是使用科学的医疗仪器，让我觉得比较可靠。虽然吃西药对身体不太好，但是见效快，对症下药。所以我一般去看西医。

한글해석
- 질문: 당신은 아플 때 한의원에 갑니까? 아니면 병원에 갑니까?
- 예시답안: 저는 아플 때 일반적으로 병원에 갑니다. 왜냐하면 서양 의술은 과학적인 의료기기를 사용하기 때문에, 믿음이 갑니다. 비록 양약을 먹는 것은 몸에 좋지는 않지만, 효력이 빠르고 질병에 맞게 약을 먹을 수 있습니다. 그래서 저는 병원을 자주 이용합니다.

단어
- 生病 [shēngbìng] 동 병이 나다
- 科技 [kējì] 명 과학 기술
- 仪器 [yíqì] 명 측정 기기
- 可靠 [kěkào] 형 확실하다
- 见效 [jiànxiào] 동 효력을 나타내다

Tip '虽然~但是~'는 전환관계를 나타내는 접속사로 '비록 ~하지만, 그러나'의 의미로 쓰인다. 두 번째 절의 접속사로는 '但是, 可是, 不过, 然而' 등이 쓰일 수 있다.

4
- 질문: 当你的电脑突然发生故障的时候，你怎么办？
- 예시답안: 首先，我会试着关闭电脑，然后再打开。或者拔掉电源再试一次。其次，我会打电话给售后服务中心，说明情况。如果修理需要花很多钱的话，我也会考虑再买一台新的。

한글해석
- 질문: 당신의 컴퓨터가 갑자기 고장났을 때, 당신은 어떻게 합니까?
- 예시답안: 우선, 저는 컴퓨터를 끄고, 그 다음 다시 켭니다. 혹은 콘센트를 다시 꼽고 시도해 볼 것입니다. 그 다음에 서비스 센터에 전화를 해서, 상황을 설명할 것입니다. 만약에 수리하는 데 많은 비용이 든다면, 새로 구매하는 것도 고려할 것 같습니다.

단어
- 故障 [gùzhàng] 명 고장
- 关闭 [guānbì] 동 닫다
- 拔 [bá] 동 뽑다
- 修理 [xiūlǐ] 동 수리하다
- 考虑 [kǎolǜ] 동 고려하다

Tip '首先', '其次'는 '우선 ~하고, 그 다음 ~하다'의 의미이다. 자신의 의견을 논리적으로 말할 때 쓰는 방법으로 핵심문장의 의견을 진술할 때 그 의견을 나열하는 방식으로 '首先(처음)~, 其次(그 다음)~, 另外(그 외)~, 总之(总而言之, 결론/한마디로)~, 형태로 많이 쓴다.

5
- 질문: 你做家务吗？你在家里都做些什么家务？
- 예시답안: 我不喜欢做家务，在我家里都是我妻子做家务。但有时我也会帮忙，比如说洗碗，擦地什么的。因为我很忙，每天工作到很晚才回家，所以我只有在周末才能做家务。

실전 모의고사 답안

한글해석
질문: 당신은 집안일을 합니까? 당신은 집에서 어떠한 집안일을 합니까?
예시답안: 저는 집안일 하는 것을 싫어합니다. 저희 집에서는 대부분 아내가 집안일을 합니다. 하지만 저도 가끔 도와서 하기도 합니다. 예를 들어 설거지, 바닥 닦기 등을 합니다. 저는 바빠서, 매일 늦게까지 일을 하고 비로소 집에 가기 때문에, 단지 주말에만 집안일을 할 수 있습니다.

단어
- 家务 [jiāwù] 명 집안일
- 妻子 [qīzi] 명 아내
- 帮忙 [bāngmáng] 동 돕다
- 洗碗 [xǐwǎn] 동 설거지하다
- 擦 [cā] 동 닦다

Tip 부사 '才'의 용법은 크게 2가지로 나뉜다.
1) 才+숫자: 겨우
2) 숫자+才: ~에서야 비로소

第五部分：拓展回答

1
질문 说说时装和我们日常生活的关系。

예시답안 时装跟我们的日常生活关系十分密切。可以说,世界上跟我们最亲近的就是我们的衣服。时装是一种语言,它能代表一个人的气质和品位。因此一件大方得体的衣服,可以展现出一个人的无尽魅力。并且在不同的场合要穿不同的时装。比如去公司面试时穿正装,出外旅行时要穿休闲装。日常生活里的时装直接体现出一个人的形象,决定了他人对自己的印象。所以时装在我们的日常生活中占非常重要的地位。

한글해석
질문: 패션과 우리의 일상생활과의 관계를 말해보세요.
예시답안: 패션은 우리의 일상생활과 아주 밀접한 관계가 있습니다. 세상에서 우리와 가장 친근한 것은 우리의 옷이라고 할 수 있습니다. 패션은 일종 언어입니다. 패션은 한 사람의 기품과 품위를 나타냅니다. 그리하여 우아하고 어울리는 옷은 한 사람의 무한한 매력을 드러낼 수 있습니다. 게다가 행사에는 알맞은 옷을 입어야 합니다. 예를 들면 회사면접에 참석 할 때에는 정장을 입어야 하고 여행할 때는 캐쥬얼을 입습니다. 일상생활에서 패션은 직접 한 사람의 이미지를 표현하고 다른 사람이 자신에 대한 인상을 결정합니다. 그래서 패션은 우리의 일상생활에서 아주 중요한 부분을 차지합니다.

단어
- 时装 [shízhuāng] 명 패션
- 亲近 [qīnjìn] 형 친근하다
- 气质 [qìzhì] 명 기품
- 得体 [détǐ] 형 알맞다
- 魅力 [mèilì] 명 매력

Tip '比如'는 '예를 들면'의 의미로 열거하는 예의 앞에 위치하며, 比如 혹은 例如 뒤에 나오는 것이 예임을 나타낸다.
예) 他去过很多国家,比如中国、英国、美国等。
그는 중국, 영국, 미국 등 많은 나라에 가보았다.
妈妈买了很多水果,比如苹果、香蕉、葡萄等等。
엄마는 사과, 바나나, 포도 등 많은 과일을 사오셨다.

2
질문 现在在学校有很多学生给老师送礼的现象。谈一谈你的想法。

예시답안 最近在学校,学生给老师送礼的现象很普遍,但是我不同意给老师送礼。学生的主要目的是学习,送礼会分散精力。我们的社会提倡清廉,学生时期就送礼,今后走上社会容易养成不良习惯。而且学生自己没有收入来源,这也给父母带来了经济压力。所以,我觉得教师节送礼成风使得节日变了味,变得物质了,学生们送礼还不如好好学习来表示对老师的感谢。

한글해석
질문: 현재 학교에서 학생들이 선생님께 선물하는 현상이 많이 나타나고 있습니다. 이에 대한 당신의 생각을 말해 보세요.
예시답안: 최근 학교에서 학생이 선생님에게 선물을 드리는 현상이 아주 보편적으로 나타나고 있습니다. 하지만 저는 선생님께 선물하는 것에 동의하지 않습니다. 학생의 주요 목적은 공부입니다. 선물하는 것은 공부하는 집중력을 분산시킵니다. 우리의 사회는 청렴함을 제창합니다. 학생시기부터 선물을 하게 되면 나중에 사회에 들어서서 안 좋은 습관을 키우기 쉽습니다. 게다가 학생 스스로는 경제적 밑바탕이 없습니다. 이것 또한 부모님들에게 경제적인 부담감을 더합니다. 그래서, 저는 스승의 날에 선물하는 것은 명절로 하여금 그 의미를 잃고 물질적으로 변하고 있다고 생각합니다. 학생들이 선생님께 선물하는 것 보다 열심히 공부해서 감사의 뜻을 표현하는 것이 더 좋습니다.

단어
- 普遍 [pǔbiàn] 형 보편적이다
- 精力 [jīnglì] 명 정력
- 提倡 [tíchàng] 동 제창하다
- 来源 [láiyuán] 명 근원
- 养成 [yǎngchéng] 동 키우다

Tip '养成~习惯'은 '~한 습관을 기르다, 양성하다'의 의미로 결합해서 쓴다.
예) 为减少污染,我们应该养成节约的习惯。
오염을 줄이기 위해, 우리는 절약하는 습관을 길러야만 한다.
我从小就养成了早睡早起的好习惯。
나는 어려서부터 일찍 자고 일찍 일어나는 좋은 습관을 길러왔다.

3
질문: 谈一谈电脑给你带来的方便和麻烦。

예시답안: 电脑的出现给我们的生活带来了很多变化。一方面来说，电脑作为我们的主要办公工具，提高了我们的工作效率，在很大程度上减少了我们的工作量。另一方面来说，我们通过电脑可以很方便的上网查阅信息，发表文章，观看电影，网上远程学习等，给人们带来了不少的益处。但是如果不正确的使用电脑，会给个人及社会带来严重的后果。由于病毒的攻击，会导致计算机系统损坏。青少年不正确的使用计算机，会影响他们的生理和心理健康。年轻人长期沉醉于网络世界，就会荒废了学业和工作。所以我们要正确看待电脑的利弊，好好儿利用电脑使其对我们生活有更好的帮助。

한글해석
질문: 컴퓨터가 가져다주는 편리함과 문제점(폐단)에 대해 이야기해보세요.
예시답안: 컴퓨터의 탄생은 우리의 생활에 아주 많은 변화를 가져다 주었습니다. 일면을 보자면, 컴퓨터는 우리가 업무를 처리하는 주요 도구로서 작업능률을 향상시키고 많은 업무량을 감소시켰습니다. 또한 우리는 컴퓨터를 통해 아주 편리하게 인터넷을 하며 정보를 찾아서 읽고, 글을 게재하며, 영화를 관람하며, 인터넷을 이용한 원격모의학습 등을 하며, 이러한 기능은 우리들에게 많은 이로운 점을 가져다줍니다. 그러나 만약 올바르게 컴퓨터를 사용하지 않으면, 개인에서부터 사회에 이르기까지 심각한 결과를 초래할 수 있습니다. 바이러스 공격은 컴퓨터 시스템의 손상을 야기할 수 있습니다. 청소년의 부적절한 컴퓨터 사용은 그들의 신체(생리)와 정신건강에 영향을 끼칠 수 있습니다. 젊은이들이 장기간 사이버세계에 빠져 있으면 학업과 업무를 등한시하게 합니다. 따라서, 우리는 컴퓨터의 이로움과 폐단을 정확히 인식하고 컴퓨터를 잘 이용하여 우리 생활에 더 좋은 보탬이 되도록 해야 합니다.

단어
- 作为 [zuòwéi] 동 ~로 여기다
- 效率 [xiàolǜ] 명 효율
- 功能 [gōngnéng] 명 기능
- 益处 [yìchù] 명 장점
- 影响 [yǐngxiǎng] 명 영향

Tip '由于'는 '~이기 때문에'라는 뜻으로서 '因为'와 비슷하게 쓰인다.
예 由于他不会说汉语，所以找了翻译。
그는 중국어를 못하기 때문에 통역사를 찾았다.
由于他不太适应当地的饮食习惯，所以提前回国了。
그는 현지 음식에 적응하지 못해서 일정을 앞당겨 귀국했다.

4
질문: 谈一谈手机给你带来的方便和麻烦。

예시답안: 手机作为高科技产物，确实给我们带来许多生活上的方便。比如说，人们可以通过手机及时与亲朋好友联系。手机的拍摄功能非常发达，可以随时拍下一些有意义有价值的东西，而且携带也很方便。当我们外出游玩或在其他地方遇到危险时也可以用手机求助。但是手机也会给我们的生活带来一些麻烦。比如说，在开很重要的会议时，手机铃声突然想起的话会影响他人。而且手机有很强的辐射，对身体有害。最近青年人过度使用智能手机也会导致视力下降等现象。总之，手机是我们生活中必不可少的通讯工具，在使用的时候应该好好发挥它的长处以及避免它的缺点。

한글해석
질문: 휴대폰이 가져다주는 편리함과 문제점에 대해 이야기해보세요.
예시답안: 휴대폰은 고도의 과학기술의 산물로서, 우리 생활에 많은 편리함을 가져다줍니다. 예를 들어, 사람들은 휴대폰을 통해 즉시 친지, 친구들과 연락할 수 있습니다. 휴대폰의 카메라 기능은 매우 발달해서, 의미있고 가치가 있는 것들을 언제든지 찍을 수 있습니다. 또한 휴대하기도 매우 편합니다. 밖에 나가 놀 때 혹은 다른 지역에서 위험에 맞닥뜨렸을 때 휴대폰을 이용하여 도움을 청할 수 있습니다. 그러나 휴대폰은 우리 생활에 약간의 문제를 초래할 수도 있습니다. 예를 들어, 중요한 회의시간에 휴대폰 벨소리가 갑자기 울리면 다른 사람에게 영향을 끼칠 수 있습니다. 또한 휴대폰의 강력한 전자파는 인체에 해가 됩니다. 최근 젊은이들의 과도한 스마트폰 사용 또한 시력저하 등의 현상을 초래할 수 있습니다. 요컨대, 휴대폰은 우리생활에 없어서는 안 될 통신 수단이지만, 사용할 때 그의 장점을 충분히 살리고 단점은 피하도록 해야 합니다.

단어
- 确实 [quèshí] 형 확실히
- 及时 [jíshí] 형 제때에
- 拍摄 [pāishè] 동 촬영
- 携带 [xiédài] 동 휴대
- 危险 [wēixiǎn] 명 위험

Tip '及时'는 '제때에'라는 뜻으로 시기에 맞게 행동할 때 많이 쓰인다. '즉시, 곧바로, 신속히'라는 뜻으로도 쓰인다.
예 我们应该及时完成任务。
우리는 맡은 임무를 제때에 완성해야 한다.
有事情及时向我汇报。
무슨 문제가 있으면 즉시 보고해라.

第六部分: 情景应对

1
질문: 今天下午你去逛百货商店，不小心把手机落在了四楼洗手间里，你向服务台小姐说明一下情况。

예시답안: 你好，今天下午我在逛商场时，不小心把我的手机落在了四楼的洗手间里。确切时间大概在下午三点半左右。手机是智能手机，最新款式。颜色是深蓝色的，手机套也是深蓝色的。手机套的夹层里还有几张信用卡和交通卡。麻烦你能不能帮我找一下，如果有消息，请给我打电话。我的联系电话是010-1111-2222，谢谢!

실전 모의고사 답안

한글해석
질문: 당신은 오늘 오후에 백화점에 가서 쇼핑을 했습니다. 그런데 핸드폰을 4층 화장실에 두고 왔습니다. 안내 데스크 아가씨에게 이 상황을 설명해 보세요.

예시답안: 안녕하세요. 오늘 오후에 백화점을 돌아다가, 제 핸드폰을 4층 화장실에 두고 왔습니다. 정확한 시간은 대략 오후 3시반 정도입니다. 핸드폰은 스마트폰이고, 가장 최신형이에요. 색깔은 짙은 남색이며, 핸드폰 케이스도 짙은 남색입니다. 핸드폰 케이스에는 몇 장의 신용카드와 교통카드가 있습니다. 수고스럽지만 한번 찾아봐주세요. 만약에 찾으셨다면 저에게 전화주세요. 제 번호는 011-1111-2222입니다. 감사합니다.

단어
- 逛 [guàng] 동 돌아다니다
- 小心 [xiǎoxīn] 동 조심하다
- 落 [là] 동 (물건을) 잃어버리다
- 智能手机 [zhìnéngshǒujī] 명 스마트폰
- 麻烦 [máfan] 형 번거롭다

Tip '麻烦'는 실례를 하거나, 상대방에게 부탁하거나 폐를 끼치는 상황에서 많이 쓰이는 동사이다.
예) 麻烦你请让一下。
실례하지만 조금만 양보해주세요.

2
질문: 你在网上买了一套连衣裙，但是你收到货时发现颜色不对，发错了。请你给卖家打电话，要求退货。

예시답안: 你好！我前两天在你们家网店买了一套连衣裙。但是我收到货一看，发现裙子的颜色发错了。我原本预定的是红色的，但是你们发给我的是深蓝色的。我经常在你们家购买衣服，这次我比较失望，我会尽快把东西给你们退回去，希望你们也能尽快把我购买的裙子发过来。我同时也希望这样的错误你们不要犯第二次。另外，我希望下次买衣服时可以优惠一点儿。

한글해석
질문: 당신은 인터넷에서 원피스 하나를 구입하였습니다. 그러나 물건을 받아보니 다른 색상을 받았습니다. 반품을 위해 판매자에게 전화하세요.

예시답안: 안녕하세요. 며칠 전에 인터넷 쇼핑몰에서 원피스 하나를 구입했습니다. 물건을 받고 보니 색상을 잘 못 보내셨어요. 제가 원래 구매한 색상은 짙은 빨강색인데, 보내주신 것은 짙은 남색입니다. 평상시에 자주 이곳 쇼핑몰을 이용하는데요, 이번에는 조금 실망스럽습니다. 빨리 반품할게요, 받으시면 빨리 제가 주문한 치마를 보내주세요. 이러한 실수를 두 번 하지 않으면 좋겠습니다. 그리고 다음에 제가 물건을 살 때, 조금 할인을 해주면 좋겠네요.

단어
- 网店 [wǎngdiàn] 명 온라인 쇼핑몰
- 箱子 [xiāngzi] 명 박스
- 购买 [gòumǎi] 동 구매하다
- 失望 [shīwàng] 동 실망하다
- 错误 [cuòwù] 명 잘못, 실수

Tip '犯错误'는 '실수하다'라는 의미다.
예) 同样的错误不要犯两次。
똑같은 실수를 두 번 하지 마세요.

3
질문: 你去一家超市买东西，可是结账时收银员的态度十分恶劣，这时你会怎么说？

예시답안: 对不起，收银员小姐。我想问一下，你今天有什么不高兴的事儿吗？为什么对我的态度这么不好？收银员的工作当然也需要亲切地为顾客服务，这是职业素养问题，就算你有什么不开心的事儿，也不应该把私人感情带到工作上来。由于你的服务态度，我想下次我不会再来这个超市了。请把你们的经理叫来，我想跟他谈谈。

한글해석
질문: 당신이 슈퍼마켓에 가서 물건을 사는데, 계산대의 직원 태도가 매우 나쁩니다. 이럴 때 당신은 어떻게 말하시겠습니까?

예시답안: 직원 아가씨 뭐 하나 물어 볼게요. 오늘 무슨 안 좋은 일 있어요? 저에게 태도가 왜 이렇게 안 좋으신가요? 수납원의 업무 중에는 고객에게 친절하게 응대하는 업무도 있는 것으로 알고 있는데요. 이것은 직업 소양의 문제입니다. 설령 당신이 무슨 기분 나쁜 일이 더라도 이런 사사로운 감정을 직장으로 가져오면 안 됩니다. 당신의 이런 서비스 태도 때문에 다음부터 여기 마트를 다시 이용할 생각이 없네요 당신의 매니저를 불러 주세요. 그 분과 이야기하고 싶어요.

단어
- 结帐 [jiézhàng] 명 결제
- 态度 [tàidù] 명 태도
- 亲切 [qīnqiè] 형 친절하다
- 道德 [dàodé] 명 도덕
- 经理 [jīnglǐ] 명 매니저

Tip '顾客就是上帝'는 중국의 속어로써 '손님은 왕이다'라는 뜻이다.

第七部分：看图说话

예시답안
① 一个天气很晴朗的下午，丈夫在家准备了一桌饭菜。还买了一个蛋糕点上了三支蜡烛。
② 今天是他和妻子结婚三周年的纪念日。丈夫准备给妻子一个惊喜。
③ 到了下班时间，妻子非常感动。妻子觉得这么多年丈夫还是那么的爱自己，自己是世界上最幸福的女人。
④ 但是就在她沉浸在幸福之中的时候，丈夫拿出一张外卖小票让自己付钱，妻子又失望又恼火。

한글해석
① 어느 날씨가 좋은 오후, 남편은 집에서 한 상의 맛있는 밥상을 차렸다. 게다가 케이크 한 개를 사고 3개의 촛불을 꽂았다.
② 오늘은 그와 아내의 결혼 3주년이 되는 결혼기념일이다. 남편은 아내에게 서프라이즈를 주고 싶었다.

③ 퇴근 시간이 되고, 아내는 아주 감동을 받았다. 아내는 이렇게 오랜 시간동안 남편이 여전히 자신을 사랑해주고 있기 때문에 세상에서 가장 행복하다고 느꼈다.
④ 하지만 그녀가 행복 속에 잠겨 있을 때, 남편은 배달 영수증을 꺼내며 결제해 달라고 했다. 이를 본 아내는 매우 화가 났다.

단어
- 晴朗 [qínglǎng] 형 쾌청하다
- 蜡烛 [làzhú] 명 초
- 惊喜 [jīngxǐ] 형 놀라고도 기뻐하다
- 菜肴 [càiyáo] 명 요리
- 下厨 [xiàchú] 동 음식을 만들다

Tip '下厨'는 동사로써 '(주방에 가서) 음식을 만들다'라는 의미로, '去厨房做菜'와 같은 뜻이다.
예) 按照旧俗, 新嫁娘婚后第三天要下厨做饭。
낡은 풍속에 따르면, 새색시는 결혼 후 사흘 만에 부엌으로 나가 식사를 준비해야 한다.

실전 모의고사 4

第二部分 : 看图回答

1 질문 几个人在打电话?
예시답안 三个人在打电话, 他们都很忙。

한글해석 질문: 몇 명의 사람이 전화를 하고 있습니까?
예시답안: 세 명의 사람이 전화를 하고 있고, 그들은 모두 바쁩니다.

단어
- 几 [jǐ] 수 몇
- 个 [gè] 양 개, 사람, 명
- 打 [dǎ] 동 두드리다, 치다
- 都 [dōu] 부 모두, 전부
- 忙 [máng] 형 바쁘다

Tip '在'는 부사로 동작이 진행되고 있음을 나타낸다. 동사 술어 앞에 쓰인다.
예) 你在做什么呢?
너 무엇을 하고 있는 중이니?

2 질문 他每天工作多长时间?
예시답안 他从早上八点工作到下午六点, 每天工作十个小时。

한글해석 질문: 그는 매일 몇시간 일을 합니까?
예시답안: 그는 아침 8시부터 오후 6시까지 일을 하고, 매일 10시간 일을 합니다.

단어
- 工作 [gōngzuò] 동 일하다
- 长 [cháng] 형 길다
- 时间 [shíjiān] 명 시간
- 早上 [zǎoshang] 명 아침
- 下午 [xiàwǔ] 명 오후

Tip '从~到~'형태로 '~부터 ~까지'라는 뜻으로 '从'은 동작의 시간, 공간적 시작점, '到'는 종착점을 나타낸다.

3 질문 这双鞋多少钱?
예시답안 现在打八折, 打完折200元。

한글해석 질문: 이 신발은 얼마입니까?
예시답안: 지금 20% 세일을 해서 가격은 200위안입니다.

단어
- 双 [shuāng] 양 짝, 쌍
- 鞋 [xié] 명 신발
- 现在 [xiànzài] 명 현재, 지금
- 打折 [dǎzhé] 동 할인하다
- 完 [wán] 동 끝나다

Tip '打八折'는 이합동사로 20% 할인을 '8折'라고 표현한다.

4 질문 孩子们在做什么?
예시답안 孩子们正在踢足球, 看起来很开心。

한글해석 질문: 아이들은 무엇을 하고 있습니까?
예시답안: 아이들은 축구를 하고 있고, 보기에 아주 즐거워 보입니다.

단어
- 孩子 [háizi] 명 아이, 어린이
- 踢 [tī] 동 차다
- 足球 [zúqiú] 명 축구
- 看 [kàn] 동 보다
- 开心 [kāixīn] 형 즐겁다

Tip '看起来'는 '보기에는 ~하다'라는 뜻으로 겉모습이 어떻다 할 때 쓰는 표현이다.
예) 她看起来很漂亮。
그녀는 보기에는 아주 예쁘다.

第三部分 : 快速回答

1 질문 请问, 明洞怎么走?
예시답안 在前面的胡同往左拐, 然后一直走就到了。大概要走十分钟左右。

한글해석 질문: 실례합니다, 명동은 어떻게 가요?
예시답안: 앞에 골목길에서 왼쪽으로 꺾고, 그 다음에 직진하면 됩니다. 대략 10분 정도 걸어야 합니다.

실전 모의고사 답안

단어
- 胡同 [hútòng] 명 골목길
- 往 [wǎng] 개 ~로 향해
- 拐 [guǎi] 동 꺾다, 돌다
- 直 [zhí] 형 곧다, 똑바로 선
- 大概 [dàgài] 형 대강, 개략

Tip '多'는 수사나 양사 뒤에 쓰여 어림수를 나타낸다. 끝자리 수가 '0'일 경우 숫자 뒤에 쓰고, 끝자리 수가 '0'이 아닌 다른 숫자일 경우 양사 뒤에 쓴다.
예) 二十多个小时。20시간 넘게.
　　两年多。2년 넘게.

2
질문: 这个方案怎么样?
예시답안: 这个方案好是好, 就是成本太高了, 实行起来有点儿难。

한글해석
질문: 이 방안이 어때요?
예시답안: 이 방안은 좋긴 좋은데, 원가가 너무 높아요, 실행하기에는 조금 어려워요.

단어
- 方案 [fāng'àn] 명 방안
- 成本 [chéngběn] 명 원가
- 实行 [shíxíng] 동 실행하다
- 有点儿 [yǒudiǎnr] 부 좀
- 难 [nán] 형 어렵다

Tip '~是~, 就是~'는 '~하기는 ~하지만, 단지~'의 의미로 앞 절에 제시된 내용의 일부를 인정하거나 긍정하고 뒤 절에서는 '就是'로 어기를 전환하여 핵심적인 의미를 강조하는 표현이다.

3
질문: 亲爱的, 我快到家了。
예시답안: 回家的路上, 顺便去超市买点苹果, 我想吃苹果了。

한글해석
질문: 여보, 나 곧 집에 도착해.
예시답안: 집에 오는 길에, 마트에서 사과 좀 사다 주세요. 사과가 먹고 싶네요.

단어
- 亲爱 [qīn'ài] 동 친애하다, 사랑하다
- 回家 [huíjiā] 동 집으로 가다
- 路上 [lùshang] 명 도중
- 超市 [chāoshì] 명 슈퍼마켓
- 苹果 [píngguǒ] 명 사과

단어 '顺便~'는 '~하는 김에'의 뜻으로 어떤 일을 하는 과정에 겸사겸사 또 다른 일을 하는 것을 나타내며, 위치는 보통 뒤 절 처음에 나온다.

4
질문: 你的翻译做完了吗?
예시답안: 还没开始做呢, 我把这份资料整理完, 就开始做翻译。

한글해석
질문: 너 번역은 다 했니?
예시답안: 아직 시작도 안 했어, 나 이 자료를 정리하고, 바로 번역하기 시작할거야.

단어
- 翻译 [fānyì] 명 번역
- 开始 [kāishǐ] 동 시작하다
- 资料 [zīliào] 명 자료
- 整理 [zhěnglǐ] 동 정리하다
- 开始 [kāishǐ] 동 시작하다

Tip '把'자문은 특정 사물이나 사람에게 어떤 행동을 의식적으로 가하여 '어떻게 처리되었는지', '어떤 결과가 발생되었는지' 등을 강조하는 표현이다. 형태는 '주어(행동의 주체)+把+목적어(처치 대상)+동작+기타 성분(了/중첩형/보어)'이다.

5
질문: 谁打碎了玻璃?
예시답안: 我看到玻璃被小明打碎了, 但是依我看他不是故意的, 你不要说他啊。

한글해석
질문: 누가 유리를 깼어?
예시답안: 내가 샤오밍이 창문을 깨는 것 봤어, 하지만 내가 볼 때 그는 일부러 그런 것 아니니, 혼내지 마.

단어
- 打碎 [dǎsuì] 동 부수다, 깨지다
- 玻璃 [bōli] 명 유리
- 看到 [kàndào] 보았다
- 故意 [gùyì] 부 고의의, 일부러
- 不要 [búyào] 동 ~하지 마

Tip '被'자문은 주체가 특정 대상에 의해 어떤 일 또는 행위를 당했음을 강조할 때 쓰인다. 피동을 나타내는 전치사로 '被, 让, 叫' 등이 있으며 전치사를 생략하고 의미상으로만 피동을 표현하는 경우도 많다. 기본 형태는 '주어(동작의 대상)+被+행위의 주체(생략 가능)+동사(행위)+기타 성분(보어 등)'이다.

第四部分: 简短回答

1
질문: 你的假期一般怎么过?
예시답안: 假期的时候, 我一般不出去只是在家里休息而已。因为平时很忙, 所以假期在家里休息是我最大的乐趣。但是如果假期很长, 我也会去国外旅行, 感受国外的休闲时光。

한글해석
질문: 당신은 일반적으로 어떻게 휴가를 보냅니까?
예시답안: 휴가 때, 저는 일반적으로 나가지 않고 집에서 쉬곤 합니다. 평소에 너무 바쁘기 때문에, 휴가 때 집에서 쉬는 것이 저의 제일 큰 낙입니다. 하지만 만약에 휴가가 아주 길다면, 저 역시 외국에 여행을 가서, 외국의 여유로운 시간을 보냅니다.

단어
- 假期 [jiàqī] 명 휴가
- 休息 [xiūxi] 동 휴식하다, 쉬다

- 乐趣 [lèqù] 명 즐거움
- 休闲 [xiūxián] 동 한가롭게 지내다
- 时光 [shíguāng] 명 시절

Tip 부사 '只是'는 어기 조사 '而已(罢了)'와 함께 쓰여 '단지 ~할 뿐이다'라는 의미를 나타낸다.
예 我只是随便说说罢了。
　　나는 단지 자유로이 말했을 뿐입니다.

2 질문 说明一下你花钱的方式, 是大手大脚, 还是比较节省?
예시답안 其实花钱大手大脚还是比较节省, 要看情况。比如说我平时花钱还是比较节省的, 没有必要的就不买。但是在吃的方面, 我就比较大手大脚了。

한글해석 질문: 당신은 돈을 어떻게 씁니까? 통이 큰 편입니까? 아니면 절약하는 편입니까?
예시답안: 사실 돈을 헤프게 쓰는지 절약적으로 쓰는지는, 상황을 보아야 합니다. 예를 들어, 저는 평소에 비교적 절약해서 돈을 쓰는 편입니다. 필요하지 않은 것은 사지 않습니다. 하지만 먹을 것에 대해서는, 비교적 헤프게 쓰는 편입니다.

단어
- 大手大脚 [dàshǒudàjiǎo] 성 돈이나 물건을 헤프게 쓰다
- 节省 [jiéshěng] 동 아끼다
- 情况 [qíngkuàng] 명 상황
- 比如 [bǐrú] 접 예를 들어
- 花钱 [huāqián] 동 돈을 쓰다

Tip '其实'는 부사로 '사실은, 실제는'의 의미로 사용된다. 앞 절의 내용과 상반된 내용 혹은 앞서 말한 내용을 수정, 보충할 경우 사용한다.

3 질문 你所在城市交通高峰时间的交通状况怎么样?
예시답안 我家在韩国的首尔, 首尔的交通非常拥挤。尤其是到了上下班高峰期, 大家都朝一个方向移动, 所以就更堵了。不只汽车多, 地铁里人也很多。

한글해석 질문: 당신이 사는 도시의 교통상황은 어떻습니까?
예시답안: 저희 집은 한국의 서울입니다. 서울의 교통은 매우 붐빕니다. 특히 출퇴근 시간에는 모두 같은 방향으로 움직이기 때문에, 더 막힙니다. 자동차 뿐만 아니라, 지하철에도 사람이 아주 많습니다.

단어
- 高峰 [gāofēng] 명 절정, 최고위층
- 状况 [zhuàngkuàng] 명 상황, 상태
- 拥挤 [yōngjǐ] 형 붐비다
- 尤其 [yóuqí] 부 특히
- 移动 [yídòng] 동 옮기다, 움직이다

Tip '朝'와 '向'은 단독으로 전치사로 쓰여 '~향하여, ~쪽으로'의 의미를 지닌다.

4 질문 你怎样看待国际婚姻?
예시답안 我很赞成国际婚姻, 人的感情在本质上是相同的。虽然可能在语言和文化方面存在障碍, 但是只要有爱, 所有的问题总是可以解决的。所以我赞成国际婚姻。

한글해석 질문: 당신의 국제결혼에 대해서 어떻게 생각합니까?
예시답안: 저는 국제결혼을 찬성합니다. 사람의 감정의 본질은 같습니다. 비록 언어와 문화가 장애물이 될 수도 있지만, 사랑만 있다면, 모든 문제는 해결할 수 있습니다. 그래서 저는 국제결혼을 찬성합니다.

단어
- 看待 [kàndài] 동 대하다, 취급하다
- 赞成 [zànchéng] 동 찬성하다
- 本质 [běnzhì] 명 본질
- 障碍 [zhàng'ài] 명 장애물
- 解决 [jiějué] 동 해결하다

Tip '虽然~但是~'는 전환관계를 나타내는 접속사로 '비록 ~하지만, 그러나'의 의미로 쓰인다. 두 번째 절의 접속사는 '但是, 可是, 不过, 然而' 등이 쓰일 수 있다.

5 질문 你怎么看待现代化生活的便利、舒适和它同时带来的问题?
예시답안 我觉得现代化生活虽然给我们带来了便利和舒适, 但是却使人与人之间的交流渐渐变少, 使人的感情逐渐变得麻木。所以多与身边的朋友亲人见面, 以免变得生疏。

한글해석 질문: 당신은 현대화 생활의 편리함과 쾌적함이 동시에 가져온 문제에 대해 어떻게 생각합니까?
예시답안: 저는 현대화 생활은 우리에게 편리함과 쾌적함을 가져 왔지만, 사람과 사람 사이의 교류를 점점 적어지게 하고, 이에 따라, 사람의 감정을 점점 둔화시키고 있다고 생각합니다. 따라서 주위의 친구, 친척들과 소원한 낯선 감정이 들지 않도록 자주 만남을 갖는 것이 좋습니다.

단어
- 舒适 [shūshì] 형 편안하다
- 交流 [jiāoliú] 동 교류하다
- 感情 [gǎnqíng] 명 감정
- 麻木 [mámù] 형 마비되다
- 生疏 [shēngshū] 형 낯설다

Tip 접속사 '免得'은 '~하는 않도록'의 뜻으로, 뒤에 예방하고자 하는 일이 온다. 보통 두 번째 술어 앞에 쓰이며, 유사한 표현으로는 '以免', '省得' 등이 있다.

실전 모의고사 답안

第五部分：拓展回答

1

질문 现代生活中人际关系是否重要？为什么？

예시답안 人际关系是我们生活中的一个重要组成部分。倘若搞不好人际关系，将对我们的工作、生活及心理健康产生不良的影响。所以我觉得人际关系在我们的社会生活中占十分重要的地位。工作中人际关系的重要程度往往超过你的个人工作能力。学会做人，和同事和睦相处，是成功的前提条件。搞好人际关系是一门艺术。所有的人都需要不断地学习和实践、搞好人际关系。

한글해석
질문: 현대생활에서 인간관계가 중요합니까? 왜 그렇습니까?
예시답안: 인간관계는 우리 생활의 중요한 구성부분입니다. 만일 인간관계가 원활하지 못하면, 업무, 생활에서부터 심리건강에 이르기까지 부정적인 영향을 받습니다. 그래서 저는 인간관계는 우리의 사회생활에서 매우 중요한 위치를 차지한다고 생각합니다. 일을 할 때 인간관계의 중요성은 개인의 업무능력을 넘어서는 경우가 종종 있습니다. 올바르게 처신하고, 동료들과 화목하게 잘 지내는 것은 성공의 전제조건입니다. 인간관계를 잘 하는 것은 하나의 기술입니다. 모든 사람은 끊임없는 학습과 실천으로 인간관계를 잘 맺어야 합니다.

단어
- 倘若 [tǎngruò] 쩝 만약
- 往往 [wǎngwǎng] 閈 종종
- 和睦 [hémù] 閈 화목하다
- 前提 [qiántí] 閈 전제
- 不断 [búduàn] 閈 끊임없이

Tip '倘若~将'은 '만약 ~라면, 곧 ~하다'라는 뜻으로서 가정문의 한 형태다. 우리 기존에 배운 '如果~就'의 고급적 표현이다.

예 倘若你明天没有时间，我将帮你去接客人。
만약 네가 내일 시간이 없다면, 내가 너를 대신해서 손님을 마중하러 가겠다.
倘若我是你，我将抓住这么好的机会。
만약 내가 너라면, 이렇게 좋은 기회를 잡을 것이다.

2

질문 你喜欢骑自行车吗？为什么？

예시답안 我非常喜欢骑自行车。有一位专家说过这样一句话："最好的大夫是自己，最好的药物是时间，最好的运动是骑自行车。"由此可见，骑自行车对健康的重要性。骑自行车是日常生活中很容易做的运动。骑自行车既可以锻炼身体，又可以改善心情。而且和别的运动相比没有那么辛苦，比较容易坚持。所以我周末都会去汉江附近骑自行车，度过一个美好而愉快的周末。

한글해석
질문: 자전거 타는 것을 좋아합니까? 왜 그렇습니까?
예시답안: 저는 자전거 타는 것을 매우 좋아합니다. 어느 전문가가 이렇게 말한 적이 있습니다. "최고의 의사는 자기자신이고, 최고의 약은 시간이며, 최고의 운동은 자전거 타기이다." 이를 통해 자전거를 타는 것이 건강에 얼마나 중요한지에 대해서 알 수 있습니다. 자전거를 타는 것은 일상생활에서 매우 쉽게 할 수 있는 운동입니다. 자전거 타기는 신체를 단련시킬 뿐만 아니라 기분을 전환할 수도 있습니다. 게다가 다른 운동과 비교하였을 때 그렇게 고생스럽지도 않고 비교적 쉽게 지속할 수 있습니다. 그래서 주말이면 한강부근에 가서 자전거를 타면서 아름답고 즐거운 주말을 보냅니다.

단어
- 容易 [róngyì] 閈 쉽다
- 锻炼 [duànliàn] 閈 운동하다
- 改善 [gǎishàn] 閈 개선하다
- 坚持 [jiānchí] 閈 견지하다
- 度过 [dùguò] 閈 지내다

Tip '没有'는 비교문의 부정형태로서 '~보다 못하다'의 의미로, 다른 표현으로는 '不如'가 있다.
예 我没有姐姐漂亮。
나는 언니보다 예쁘지 않다.
公共汽车没有地铁方便。
버스는 지하철보다 편하지 않다.

3

질문 你认为结果和过程哪个重要，为什么？

예시답안 结果和过程哪个重要？我认为过程更重要。因为没有过程就不会有结果。过程能给我们丰富的经验，能让我们感受到其中的喜怒哀乐。这就好像我们看体育比赛，我们不仅要看到比赛的结果，还应该看运动员流下的汗水和泪水。只要注重过程中的每一个细节，就能得到满意的结果。

한글해석
질문: 당신은 결과와 과정 중, 어느 것이 더 중요하다고 생각합니까? 그 이유는 무엇입니까?
예시답안: 과정과 결과 중에서 어느 것이 중요할까요? 저는 과정이 더욱 중요하다고 생각합니다. 왜냐하면 과정이 없으면 결과도 존재하지 않습니다. 과정은 우리에게 풍부한 경험을 가져다 줄 수 있고 우리로 하여금 희로애락을 느끼게 합니다. 이것은 마치 우리가 체육경기를 볼 때 시합의 결과만 볼 것이 아니라 운동선수의 땀과 눈물도 같이 봐야 하는 것과 같습니다. 과정 중의 세부사항을 중요하게 여기면 만족스러운 결과를 얻을 수 있습니다.

단어
- 结果 [jiéguǒ] 閈 결과
- 过程 [guòchéng] 閈 과정
- 丰富 [fēngfù] 閈 풍부하다
- 深刻 [shēnkè] 閈 심각하다
- 细节 [xìjié] 閈 세부사항

Tip '只要~就'는 조건관계의 접속사로서 '~하기만 하면, 곧 ~할 수 있다'라는 뜻이다. 조건보다는 결과를 더 강조할 때 사용하는 표현이다.

Tip ㊀ 只要努力就一定能成功。
　　　노력만 하면 반드시 성공할 수 있다.
　　　只要你愿意，我就会帮你。
　　　당신이 원한다면 도와드리겠습니다.

4 질문 你觉得大学期间应该打工挣钱吗？为什么？

예시답안 我赞成学生在上学期间打工。不仅可以增加社会经验，而且可以减轻经济上的负担。在工作中积累一些社会经验，为以后工作做准备。如果在不影响学业的前提下，我也很支持勤工俭学。虽然学习可以得到很多知识，但是实践对大学生来说，也是非常宝贵的财富。现代社会经验往往比学历还重要，提前体验一下社会生活对大学生就业有很大的帮助。

한글해석 질문: 대학시절에 꼭 아르바이트를 하여 돈을 벌어야 한다고 생각합니까? 왜 그렇습니까?

예시답안: 저는 학생이 학창시절에 아르바이트하는 것에 찬성합니다. 사회경험을 쌓을 수 있을 뿐만 아니라 경제적인 부담을 줄일 수 있습니다. 일을 하면서 사회경험을 축적하는 것은 나중의 직장생활을 준비하는 것입니다. 만일 학업에 영향을 주지 않는 상황이라면, 일하면서 공부하는 것을 지지합니다. 비록 공부를 통해 많은 지식을 얻을 수는 있지만 실천하는 것 또한 대학생에게 있어 아주 귀중한 재산입니다. 현대 사회에서 학력보다 사회경험이 더 중요시하는 경우가 종종 있습니다. 대학생들이 미리 사회생활을 조금 경험해 보는 것은 취업하는 데 큰 도움이 될 것입니다.

단어
- 赞成 [zànchéng] 찬성
- 增加 [zēngjiā] 증가
- 减轻 [jiǎnqīng] 줄이다
- 情况 [qíngkuàng] 상황
- 实践 [shíjiàn] 실천

Tip '勤工俭学'는 '고학하다'라는 뜻이다. 중국 일부 학교가 취하는 학교 운영 방식이다. 학생이 재학 기간 중 노동을 하고, 그 노동 수입을 학교 운영 자금으로 쓰인다.
㊀ 他通过勤工俭学读完了大学。
　그는 고학하여 대학을 끝마쳤다.

第六部分：情景应对

1 질문 你是大学在校学生，你想去咖啡厅打工。可是你的父母不同意，觉得打工妨碍你的学业。请你试着说服你的父母。

예시답안 妈妈，其实我已经长大了。可以自己判断一件事情的对错了。我真的很想通过打工，积累一点儿社会经验。而且我对咖啡也非常感兴趣。在咖啡厅打工，一来可以锻炼一下我自己；二来，我也可以为你们分担一些经济负担。我想靠自己的能力赚钱交学费，不想让你们太累。你们为了我辛苦了这么多年，我觉得我应该孝敬你们了。

한글해석 질문: 당신은 대학생입니다. 커피숍에서 아르바이트를 하고 싶습니다. 그러나 부모님은 공부에 방해가 된다는 이유로 반대하고 계십니다. 부모님을 설득해 보세요.

예시답안: 엄마, 나는 이미 다 컸어요. 혼자서도 일의 옳고 그름을 판단할 수 있어요. 저는 정말 아르바이트를 통해서 사회 경험을 조금 쌓고 싶어요. 게다가 저는 커피에 대해 매우 관심이 많아요. 커피숍에서 아르바이트를 하면, 먼저 제 자신을 단련시킬 수 있고, 또 부모님의 경제적 부담을 덜어드릴 수도 있어요. 저는 제 능력으로 돈을 벌어 학비를 내고 싶어요. 부모님을 힘들게 하고 싶지 않아요. 부모님께서 저를 위해서 이렇게 많은 시간을 고생하셨는데, 이제 제가 효도할 때가 된 것 같아요.

단어
- 判断 [pànduàn] 판단하다
- 打工 [dǎgōng] 아르바이트
- 积累 [jīlěi] 쌓다
- 锻炼 [duànliàn] 단련
- 分担 [fēndān] 책임을 나누다

Tip '一来~二来'는 선후 연속관계를 의미하며 원인이나 이유를 열거하는 경우에 많이 쓰인다.
㊀ 他一来没有时间，二来没有钱。
　그는 첫 째는 시간이 없고, 둘째는 돈도 없다.

2 질문 大学毕业后你想自己创业，但是你的父母要求你找一个稳定的工作。请你说服他们。

예시답안 爸爸妈妈，我很理解你们的想法。找一个稳定的工作看起来是不错。但是你们要知道，虽然工作稳定，但是赚的钱也是有限的。而且工作太单调，没什么意思。但是我如果自己开公司的话，虽然刚开始很累，但是我一定会成功的。我相信我自己的能力。我认为只要有能力，无论做什么都会成功的。

한글해석 질문: 대학 졸업 후에 당신은 당신의 사업을 하고 싶습니다. 그러나 당신의 부모님은 당신이 안정적인 직장을 얻기를 바랍니다. 그들을 설득하세요.

예시답안: 아빠, 엄마, 부모님의 마음 저도 매우 이해합니다. 안정적인 직장을 다니는 것도 매우 좋습니다. 하지만 이것을 알아주시면 좋겠어요. 직장은 비록 일이 안정적이기는 하지만, 수입 역시 제한되어 있어요. 게다가 일이 매우 단조로워 재미가 없습니다. 그러나 만약 제가 제 개인사업을 한다면, 비록 초기에는 매우 힘들겠지만, 저는 꼭 성공할 것입니다. 저는 제 능력을 믿습니다. 능력만 있으면 무엇을 하든 성공할 수 있다고 생각합니다.

단어
- 理解 [lǐjiě] 이해하다
- 稳定 [wěndìng] 안정적이다
- 赚钱 [zhuànqián] 돈을 벌다
- 固定 [gùdìng] 고정되다
- 单调 [dāndiào] 단조롭다

실전 모의고사 답안

Tip | '虽然~但是'는 '비록 ~하지만'의 의미로 역접을 나타내는 접속사이다.
예 | 我虽然很累，但是还是得加班。
비록 피곤하지만, 야근을 해야 한다.

3
질문 | 中秋节的时候，你想回老家看望父母，但是你的爱人却想出国旅行。你会怎么劝说你的爱人？

예시답안 | 小丽啊，这半年来我们的工作都很忙，所以没时间去看望爸妈。他们一定很想我们，也很惦记我们。父母把我们养这么大，我们不在旁边照顾他们已经很不孝顺了。这次我们中秋节放长假，好不容易有机会回去看看他们，我觉得我们应该多少尽一点儿孝心。出国旅游的话，我们年末还有机会。年末的时候我一定带你去香港。这次你就听我一次，跟我回老家看望父母吧。

한글해석 | 질문: 추석 때 당신은 부모님 뵈러 고향으로 가고 싶습니다. 하지만 당신의 애인은 해외 여행을 가고 싶어 합니다. 그렇다면 어떻게 애인을 설득할 건가요?

예시답안: 샤오리, 이번 반 년 동안 우리 일이 너무 바빴어. 그래서 부모님을 만나 뵈러 갈 시간이 없었어. 부모님이 우리를 많이 보고 싶어 하시고, 늘 우리를 생각하고 계실거야. 부모님이 우리를 이렇게까지 키워 주셨는데, 그들 옆에서 돌보지 않는 것도 불효라고 생각해. 이번 추석연휴가 매우 길어. 이렇게 부모님을 뵈러 갈 수 있는 기회도 흔치 않아. 내 생각에는 우리가 할 수 있는 한 효도를 해야 한다고 생각해. 해외여행은 연말에도 기회가 있어. 연말에 내가 꼭 너를 데리고 홍콩에 갈게. 그러니 이번에는 내 말을 들어주고, 나와 함께 고향에 가서 부모님을 뵙도록 하자.

단어 | • 看望 [kànwàng] 동 문안하다
• 惦记 [diànjì] 동 염려하다
• 照顾 [zhàogù] 동 돌보다
• 孝顺 [xiàoshùn] 동 효도
• 孝心 [xiàoxīn] 명 효심

Tip | '好不容易'는 '모처럼, 겨우, 간신히'라는 뜻의 부사이다.
예 | 这件事我好不容易才做完。
저는 이 일을 간신히 다 완성했습니다.

第七部分：看图说话

예시답안 | ① 小明是个彩票迷。他经常买彩票，虽然从来没中过奖，但是还是坚持每天都买。
② 有一天，他在收拾屋子的时候发现床底下有一张还没确认过的彩票。这时电视里正好播放彩票中奖号码。
③ 小明集中精力，一个数字一个数字的确认。他惊讶地发现他买的彩票竟然全对，自己是头等奖获得者。
④ 马上穿上衣服去领取奖金。但是到了彩票中心他才发现原来自己的彩票是上期的。他又懊恼又失望。

한글해석 | ① 샤오밍은 복권 마니아이다. 그는 늘 항상 복권을 사는데 단 한번도 당첨된 적은 없다.
② 어느 날, 그는 집을 청소할 때 침대 아래에서 한 장의 아직 확인을 안 한 복권 한 장을 발견하였다. 이 때 때마침 텔레비전에서 복권 당첨번호를 방영하고 있다.
③ 샤오밍은 집중하여 숫자 하나하나를 자세히 확인하였다. 그는 뜻밖에 자신의 복권 숫자가 다 맞은 것을 발견하였다.
④ 그는 바로 옷을 입고 상금을 받으러 집 문을 나섰다. 하지만 복권 센터에 가니 자기의 복권이 지난 기수라는 것을 발견하였다. 그는 후회하고 실망하였다.

단어 | • 彩票 [cǎipiào] 명 복권
• 中奖 [zhòngjiǎng] 동 당첨되다
• 兑奖 [duìjiǎng] 동 (당첨된 복권이나 상품권을) 상품이나 상금으로 바꾸다
• 竟然 [jìngrán] 부 의외로
• 失望 [shīwàng] 동 실망하다

Tip | '敢'는 긍정형으로 쓰일 때는 '용기를 내다, 용기 있게 행동하다'라는 의미를 나타낸다. 대체로 문장 내에서 부정형 '不敢'으로 많이 쓰이며, '감히 ~하지 못하다, ~자신이 없다'라는 의미를 나타낸다.
예 | 他是一个敢作敢当的人。
그는 대담하게 시도하고 결과에 책임을 지는 사람이다.
我可不敢一个人去旅行。
나는 감히 혼자 여행갈 자신이 없어요.

실전 모의고사 5

第二部分：看图回答

1
질문 | 他今年多大了？
예시답안 | 他今年三十六岁，是本命年。

한글해석 | 질문: 그는 올해 몇 살입니까?
예시답안: 그는 올해 36살이고, 올해는 그가 출생한 해의 띠 입니다.

단어 | • 今年 [jīnnián] 명 올해
• 多 [duō] 부 얼마나
• 大 [dà] 형 크다
• 岁 [suì] 명 살, 세
• 本命年 [běnmìngnián] 명 출생한 해의 띠

Tip | 나이를 묻는 표현: '多大', '多大年纪', '几岁' 등이 있다. 어린아이에게는 '几岁'로 표현한다.

2 질문 她的体重是多少?
예시답안 她的体重是六十二公斤, 她吓了一跳。

한글해석 질문: 그녀의 체중은 얼마입니까?
예시답안: 그녀의 체중은 62킬로그램입니다, 그녀는 깜짝 놀랐습니다.

단어
- 多少 [duōshǎo] 대 얼마
- 体重 [tǐzhòng] 명 체중
- 公斤 [gōngjīn] 양 킬로그램
- 吓 [xià] 동 놀라다
- 跳 [tiào] 동 뛰다, 튀어 오르다

Tip 체중을 나타내는 단위는 '公斤(킬로그램)', 키를 나타내는 단위는 '米(미터)', 거리를 나타내는 단위는 '公里(킬로미터)'이다.

3 질문 他喜欢吃苹果吗?
예시답안 他不太喜欢吃苹果, 他喜欢吃香蕉。

한글해석 질문: 그는 사과 먹는 것을 좋아합니까?
예시답안: 그는 사과를 좋아하지 않습니다. 바나나를 좋아합니다.

단어
- 喜欢 [xǐhuan] 동 좋아하다
- 吃 [chī] 동 먹다
- 苹果 [píngguǒ] 명 사과
- 太 [tài] 부 대단히
- 香蕉 [xiāngjiāo] 명 바나나

Tip '喜欢+동사' 형태로 '~하는 것을 좋아한다', 또는 '喜欢+명사' 형태로 '~을 좋아하는'의 의미로 쓰인다.
예 我喜欢唱歌。 나는 노래를 부르는 것을 좋아한다.
我喜欢你。 나는 너를 좋아한다.

4 질문 哪天更热?
예시답안 今天比昨天高五度, 今天更热。

한글해석 질문: 어느 날이 더 덥습니까?
예시답안: 오늘은 어제에 비해 5도가 높고, 더 덥습니다.

단어
- 更 [gèng] 부 훨씬, 더
- 热 [rè] 형 덥다
- 比 [bǐ] 동 비교하다
- 高 [gāo] 형 높다
- 度 [dù] 양 도

Tip '주어+比+비교대상+서술어' 형태로 쓰이며, 부정은 '比'앞에 '不'를 쓴다.

第三部分: 快速回答

1 질문 他来了吗?
예시답안 没有, 我都等他等了一个小时了, 怎么还不来啊?

한글해석 질문: 그는 왔어?
예시답안: 아니, 난 한 시간째 그를 기다리고 있어, 왜 아직도 안 오지?

단어
- 来 [lái] 동 오다
- 等 [děng] 동 기다리다
- 小时 [xiǎoshí] 명 시간
- 怎么 [zěnme] 대 어째서, 왜
- 还 [hái] 부 아직도

Tip '都~了', '已经~了'에 시량보어 뒤에 어기조사 '了'를 쓰여 '~째 ~하고 있다'는 지속의 의미를 나타낸다.

2 질문 欢迎你来我们公司。
예시답안 谢谢, 我是代表我们公司来谈关于合同的事, 谢谢你的招待。

한글해석 질문: 우리 회사에 온 것을 환영합니다.
예시답안: 감사합니다, 저는 우리 회사를 대표해서 계약서에 관해서 얘기하러 왔습니다, 당신의 대접에 감사합니다.

단어
- 欢迎 [huānyíng] 동 환영하다
- 代表 [dàibiǎo] 동 대표하다, 대신하다
- 谈 [tán] 동 얘기하다, 토론하다
- 合同 [hétong] 명 계약서
- 招待 [zhāodài] 동 접대하다, 대접하다

Tip '关于'는 전치사로 하나의 화제를 가지고 말할 때 쓰이며 '~에 관해'의 의미로 쓰이며 말하고자 하는 화제의 범위, 내용을 나타낸다. 부사어로 쓰일 경우에는 문두에 위치하고, 관형어로 쓰이기도 한다.

3 질문 你们公司是什么时候成立的?
예시답안 我们公司成立于一九八九年, 至今已经有几十年的历史了, 是一家资深企业。

한글해석 질문: 당신의 회사는 언제 설립되었습니까?
예시답안: 우리 회사는 1989년에 설립되었고, 오늘까지 이미 몇 십 년의 역사를 지니고 있습니다, 역사가 오래된 기업입니다.

단어
- 成立 [chénglì] 동 설립
- 至今 [zhìjīn] 부 지금까지, 오늘까지
- 历史 [lìshǐ] 명 역사
- 资深 [zīshēn] 형 경력이 오랜
- 企业 [qǐyè] 명 기업

실전 모의고사 답안

Tip '于'는 장소, 대상, 범위, 시간 등을 이끌어 내는 전치사로 동사 뒤에 보어로 많이 쓰인다. 对, 向, 在, 给, 从, 自 등에 상응하는 의미로 쓰인다.

4
질문 你有没有什么忌口的东西?
예시답안 一般的都没什么问题, 不过我不太喜欢吃香菜, 味道太特别了。

한글해석 질문: 당신은 안 드시는 음식이 있나요?
예시답안: 일반적으로는 별 문제 없는데 고수는 그다지 좋아하지 않습니다. 맛이 너무 특이해서요.

단어
- 忌口 [jìkǒu] 동 음식을 가리다
- 问题 [wèntí] 명 문제
- 香菜 [xiāngcài] 명 고수
- 味道 [wèidao] 명 맛
- 特别 [tèbié] 형 특별하다

Tip '太'는 대부분 형용사 앞에 쓰여 형용사의 정도를 강조하는 정도부사이다. '太+부정적인 의미의 형용사' 형태로 '너무 ~하다' 의미로 쓰이고, '太+긍정/부정적인 형용사+了' 형태로 '대단히 ~하다'의 의미로 쓰인다.

5
질문 真想小明啊, 不知道他过得好不好。
예시답안 你可以跟他视频啊, 现在无论在哪儿, 都可以通过网络看到对方了。

한글해석 질문: 샤오밍이 그립구나, 그는 잘 지내는지 모르겠네.
예시답안: 샤오밍하고 화상채팅할 수 있어. 지금은 어디에 있든 상관없이, 모두 인터넷으로 상대방을 볼 수 있어.

단어
- 想 [xiǎng] 동 그리워하다
- 可以 [kěyǐ] 동 가능하다
- 视频 [shìpín] 명 화상채팅
- 网络 [wǎngluò] 명 인터넷
- 对方 [duìfāng] 명 상대방

Tip '无论'은 뒤에 반드시 선택사항이 나온다. (의문대명사, 선택 '还是', 정반, '多'么' 등) 또한 두 번째 절은 부사 '都/也'와 호응하여 쓰이는 경우가 많다.

第四部分：简短回答

1
질문 你对环境污染问题怎么看? 你是怎么保护环境的?
예시답안 环境污染问题一直是社会的热门话题。随着人类的发展, 环境污染问题也渐渐被人们所重视。像我, 正在从垃圾分类, 不乱扔垃圾等小事开始做起。

한글해석 질문: 당신은 환경오염문제에 대해서 어떻게 생각합니까? 당신은 어떻게 환경보호를 합니까?
예시답안: 환경오염문제는 계속해서 사회의 핫이슈입니다. 인간의 발전에 따라, 환경오염문제는 점점 사람들에게 중요하게 여겨지고 있습니다. 저의 경우에는, 현재 쓰레기를 분류하고, 마음대로 쓰레기를 버리지 않는 작은 일부터 시작하고 있습니다.

단어
- 污染 [wūrǎn] 동 오염시키다
- 热门 [rèmén] 명 인기 있는 것
- 话题 [huàtí] 명 화제
- 垃圾 [lājī] 명 쓰레기
- 随地 [suídì] 부 어디서나

Tip '渐渐'은 부사로 '점점, 점차'의 의미이며, 장소나 수량이 시간의 이동에 따라 천천히 변화됨을 나타낸다. 변화를 나타내기 때문에 문미에 어기 조사 '了'가 함께 오는 경우가 많다.

2
질문 在传统文化和外来文化间, 你更倾向哪种文化?
예시답안 我觉得传统文化需要我们去保护, 但也不应该排斥外来的文化。我们要学会取长补短, 互相理解, 互相尊重。虽然不该排斥外来文化, 但也不能否定传统文化。

한글해석 질문: 전통문화와 외래문화 중에, 당신은 어떤 문화에 더 관심이 있습니까?
예시답안: 저는 전통문화는 우리가 보호해야 하지만, 외래문화를 배척하면 안 된다고 생각합니다. 우리는 다른 문화의 장점을 가져오고, 자신의 단점을 보완해야 하고, 서로 이해하고, 서로 존중해야 합니다. 외래문화를 배척하지 않지만, 전통문화도 부정해서는 안됩니다.

단어
- 倾向 [qīngxiàng] 동 기울다
- 排斥 [páichì] 동 배척하다
- 互相 [hùxiāng] 부 서로
- 尊重 [zūnzhòng] 동 존중하다
- 否定 [fǒudìng] 동 부정하다

Tip '取长补短'은 '吸取别人的长处, 弥补自己的短处'의 뜻으로 다른 사람의 장점을 취하고 자신의 부족한 단점을 보완한다는 의미이다.

3
질문 独身与结婚这两种生活方式有什么优缺点? 你更倾向于哪一种生活方式?
예시답안 独身的好处是自由, 缺点是寂寞。结婚的好处是可以相互依靠, 缺点是会有各种矛盾。只要能幸福, 保持正确的心态, 哪种生活方式都好。

한글해석 질문: 독신과 결혼, 이 두 가지 생활방식은 어떤 장단점이 있습니까? 당신의 어떤 생활방식을 좋아합니까?
예시답안: 독신의 장점은 자유이고, 단점은 외로움입니다. 결혼의 장점은 서로 의존할 수 있다는 점이며, 단점은 각종 갈등이 있는 점입니다. 단지 행복할 수 있고, 바른

마음가짐을 유지하면, 어떤 생활방식도 다 좋을 것 같습니다.

단어
- 自由 [zìyóu] 형 자유롭다
- 寂寞 [jìmò] 형 외롭다
- 依靠 [yīkào] 동 의존하다
- 矛盾 [máodùn] 명 갈등
- 心态 [xīntài] 명 심리 상태

Tip 동사 '保持'는 어떤 상황이나 상태를 유지함을 나타낼 때 쓰인다. 함께 쓰일 수 있는 목적어로는 '安静/关系/距离/均衡/好作风/姿势' 등이 있다.

4
질문 你认为怎样才能保持健康?

예시답안 我认为除了适当地运动, 还应该注意精神健康。只有精神健康了, 身体才能健康。所以我们要学会放松自己, 让自己保持愉快的心情, 这样才能保持健康。

한글해석
질문: 어떻게 하면 건강을 유지할 수 있다고 생각합니까?
예시답안: 저는 적당한 운동 이외에 정신적 건강도 주의해야 한다고 생각합니다. 정신이 건강해야 신체도 건강할 수 있습니다. 그래서 저는 자신을 내려놓고, 유쾌한 기분을 유지하는 것을 배우고 있습니다. 이렇게 해야 건강을 유지할 수 있습니다.

단어
- 适当 [shìdàng] 형 적절하다
- 注意 [zhùyì] 동 주의하다
- 放松 [fàngsōng] 동 느슨하게 하다
- 保持 [bǎochí] 동 유지하다
- 愉快 [yúkuài] 형 기쁘다

Tip '除了~(以外), 还~'는 '~이외에 ~가 다 있다'라는 뜻으로 '以外'를 생략할 수 있다. '除了~(以外)' 뒤에 오는 문장이 부정형이라면 '~를 제외하고 아무 것도 없다'라는 의미이다.

5
질문 你认为找工作的时候, 应该找自己喜欢的工作, 还是工资高的工作?

예시답안 我认为刚开始找工作的时候, 应该找自己喜欢的工作。而且应该多换几家公司, 多换几种不同的类型, 如果你只在乎工资的高低, 那么你可能无法开心地工作。

한글해석
질문: 당신은 일자리를 찾을 때, 당신이 좋아하는 일을 찾습니까? 아니면 급여가 높은 곳을 찾습니까?
예시답안: 저는 처음 일자리를 찾을 때, 본인이 좋아하는 일을 찾아야 한다고 생각합니다. 그리고 몇 개의 회사로 이직도 해보고, 몇 종류의 일도 경험해 보아야 한다고 생각합니다. 만약에 당신이 단지 월급의 높고 낮은 것만 고려한다면, 즐겁게 일할 수 없을 것입니다.

단어
- 认为 [rènwéi] 동 여기다
- 刚 [gāng] 부 방금

- 开始 [kāishǐ] 동 시작되다
- 应该 [yīnggāi] 동 ~해야 한다
- 开心 [kāixīn] 형 기쁘다

Tip '在乎'는 동사로 '마음에 두다, 개의하다'는 뜻으로 부정형으로 많이 쓰인다. 비슷한 의미로 '介意'가 있다.

第五部分: 拓展回答

1
질문 最近在中国掀起了出国留学热, 谈谈你的想法。

예시답안 随着世界经济全球一体化, 世界各国的交流频繁化, 人们越来越重视对外语能力的培养。同时, 最近越来越多的大学生也因为就业难的问题选择出国深造。我认为出国留学可以开阔眼界。真正接触到了不同的文化能使思想有近一步的提高和改变。另外有些国家教育时间短, 课程灵活, 重视对思考能力的培养, 可以改变在中国学习所产生的一系列弊端。所以, 我认为适应时代的潮流, 有机会去国外留学是很好的人生规划。

한글해석
질문: 최근 중국에서는 외국유학열풍이 일고 있습니다. 이에 대한 당신의 생각을 이야기해 보세요.
예시답안: 세계경제가 글로벌화됨에 따라, 세계 각국의 교류가 빈번해지고, 사람들은 점점 더 외국어 능력 배양을 중시합니다. 동시에 점점 더 많은 대학생들이 취업난 때문에 외국유학을 선택합니다. 저는 외국유학은 시야를 넓힐 수 있다고 생각합니다. 다른 문화와 접촉함으로써 사고를 한층 더 향상시키고 변화시킬 수 있습니다. 이 외에, 몇몇 국가들은 교육시간이 짧고, 교육과정이 융통적이며 사고력의 양성에 대해서 중요시하기 때문에, 중국교육이 만든 일련의 폐단을 바꿀 수 있습니다. 그래서 저는 시대의 조류에 부응하기 위하여, 기회가 된다면 외국에 나가 유학하는 것이 매우 좋은 인생계획이라고 생각합니다.

단어
- 交流 [jiāoliú] 명 교류
- 接触 [jiēchù] 동 접촉
- 重视 [zhòngshì] 명 중시
- 培养 [péiyǎng] 동 양성하다
- 适应 [shìyìng] 동 적응하다

Tip '开阔眼界'는 자주 같이 쓰이는 상용조합으로서 '견문을 넓히다'라는 뜻이다.
예 我很喜欢通过旅游来开阔眼界。
나는 여행을 통해서 견문을 넓히는 것을 즐긴다.

2
질문 最近韩国自杀率越来越高, 生活压力也越来越大。简单说说你的看法。

예시답안 我认为自杀率高有两个原因。一是文化上的因素, 韩国文化隶属于东方文化, 对名誉、面子看得很重。其次, 是社会因素。韩国人少人口相对较多, 竞争激烈。生活节奏过快, 人们面临的生活压力越来越高。而且因为忙

실전 모의고사 답안

碌的生活，很多人都不善于与周边人沟通，什么压力都自己承受，内心强烈的孤独感、痛苦感。这种体验长期积累达到一定极限时，一个偶然因素即可导致轻生念头的产生。所以，我们要时刻保持愉快的心情，什么事情都不要看得太重。

한글해석
질문: 최근 한국에서 자살률이 점점 더 높아지고, 삶 속에서의 스트레스 역시 커지고 있습니다. 이에 대한 당신의 의견을 간단하게 말해 보세요.

예시답안: 제가 생각하기에 자살률이 높은 것에는 두 가지 원인이 있습니다. 하나는 문화적인 요인입니다. 한국문화는 동양문화에 속해서 명예, 체면 등을 매우 중시합니다. 그 다음은 사회적인 요인입니다. 한국은 땅은 좁고 인구는 상대적으로 많아서 경쟁이 치열합니다. 생활리듬도도 지나치게 빠르고, 사람들이 직면한 일상생활 속 스트레스도 점차 커지고 있습니다. 또한 바쁜 생활 속에서, 많은 사람들이 주변사람들과 교류하는 것에 서투르다 보니, 어떤 스트레스든 모두 스스로 감당하고, 내면에는 강렬한 고독감과 괴로움이 있습니다. 이러한 경험이 장기간 누적되어 일정한 한계에 다다르게 됐을 때, 하나의 우연적 요소로 인해 스스로 목숨을 끊을 생각을 하기에까지 이르게 됩니다. 따라서 우리는 언제나 즐거운 마음가짐을 가져야 하고, 무슨 일이든 너무 심각하게 보지 않도록 해야 합니다.

단어
- 名誉 [míngyù] 명 명예
- 面子 [miànzi] 명 체면
- 竞争 [jìngzhēng] 명 경쟁
- 孤独 [gūdú] 명 고독
- 导致 [dǎozhì] 동 초래하다

Tip '善于'는 '~을/를 잘한다, ~에 능숙하다'라는 뜻이다. 자주 쓰이는 목적어로는 '思考, 写作, 社交' 등이 있다.
예) 我很善于社交，所以朋友漫天下。
저는 사교에 능숙하다, 그래서 친구들이 많다.

3
질문: 最近在韩国跨国婚姻十分普遍。你如何看待这种现象? 请谈谈你的看法。

예시답안: 近几年，在韩国跨国婚姻越来越多，变得十分普遍。我觉得随着全球经济一体化的加快，又随着留学热、移民热现象的出现，增加了人们与外界交流的机会。所以越来越多的人选择跨国婚姻。但是因为文化差异和语言的不同，也会造成很多沟通上的障碍，导致双方感情不合。我觉得"爱情是不分国界的"，只要真心相爱，所有困难都可以随之克服。

한글해석
질문: 최근 한국에서 국제결혼이 매우 보편화되고 있습니다. 이러한 현상에 대해 어떻게 보십니까? 당신의 생각을 이야기해 보세요.

예시답안: 최근 몇 년 간, 한국에서 국제결혼은 점점 더 많아지고, 보편화되고 있습니다. 글로벌화가 가속화되면서 유학과 이민열풍 현상에 따라 사람들이 외부세계와 교류 협력하는 기회가 증가되고 있습니다. 그래서 더 많은 사람들이 국제결혼을 선택한다고 생각합니다. 그러나 문화의 차이와 언어의 상이함으로 인해, 소통장애를 야기하여 양측의 불화가 초래되기도 합니다. 저는 '사랑에는 국경이 없다'고 생각하며 진심으로 서로 아끼고 사랑하면, 어떤 고난도 모두 극복할 수 있다고 생각합니다.

단어
- 普遍 [pǔbiàn] 형 보편적인
- 移民 [yímín] 명 이민
- 合作 [hézuò] 명 합작
- 差异 [chāyì] 명 차이
- 障碍 [zhàng'ài] 명 장애

Tip '随着'는 '~함에 따라'의 의미로 주로 주어 앞에 쓰이는 개사이다.
예) 随着科学技术的发展，我们的生活水平大大地提高了。
과학 기술의 발전에 따라, 우리의 생활 수준이 크게 향상되었다.

4
질문: 最近环境污染现象很严重，你对此怎么看? 简单说一说。

예시답안: 目前在全球范围内都不同程度地出现了环境污染问题，具有全球影响的方面有大气环境污染、海洋污染、城市环境问题等。随着经济和贸易的全球化，环境污染也日益呈现国际化趋势。甚至现在一些地方由于环境污染的危害，已经见不到很多美景了。环境污染不仅破坏了生物的生存环境，而且直接威胁着人类的健康。我觉得我们应该从自己做起，保护我们的环境。

한글해석
질문: 최근 환경 오염 현상이 매우 심각합니다. 이것에 대해 어떻게 생각하십니까? 간단히 이야기해 보세요.

예시답안: 현재 정도의 차이가 있지만, 대기환경오염, 해양오염, 도시환경문제 등 환경오염의 문제가 전세계에서 나타나고 있습니다. 경제와 무역의 글로벌화에 따라서, 환경오염 역시 나날이 국제적인 추세로 나타나고 있습니다. 심지어 현재 어느 지역에서는 환경오염 때문에 이미 아름다운 경치를 볼 수 없게 되었습니다. 환경오염은 생물의 생존환경을 파괴할 뿐만 아니라 인류의 건강을 직접적으로 위협하고 있습니다. 저는 우리 모두 자기 자신부터 시작하여 환경을 보호해야 한다고 생각합니다.

단어
- 全球 [quánqiú] 명 전세계
- 范围 [fànwéi] 명 범위
- 具有 [jùyǒu] 동 갖고 있다
- 污染 [wū rǎn] 명 오염
- 趋势 [qūshì] 명 추세

Tip '从~做起'는 '~부터 시작해야 한다'라는 뜻이다. '从' 뒤에는 인물 혹은 시간을 나타내는 시간사가 따라온다.
예) 减肥从今天做起。오늘부터 저는 다이어트를 시작합니다.
环境保护从我做起。환경보호는 나부터 실천해야 합니다.

第六部分：情景应对

1

질문: 你的有一个朋友是典型的月光族，每到月末都会很穷。请你劝劝他。

예시답안: 小明，我想跟你谈谈你的消费问题。你都三十岁了，怎么还是不会理财，不会管理你的工资呢。我觉得你完全可以合理的安排你的生活花销，省吃俭用一些。将来你还要结婚，买房子，用钱的地方很多。现在开始就这样大手大脚，以后怎么办呢？现在不计划一下，你以后肯定会后悔的。到那时就来不及了。你自己好好儿想一想吧。

한글해석:
질문: 당신의 친구는 전형적인 월광족으로 매월 말만 되면 돈을 다 써서 곤란해 합니다. 그에게 충고를 해 주세요.
예시답안: 샤오밍, 나는 너와 너의 소비문제에 대해 이야기하고 싶어. 너는 이미 30살이나 되었는데 어떻게 아직도 너의 월급도 관리를 못하니. 내가 보기에 너는 조금만 아껴쓰면 충분히 재테크를 잘 할 것 같아. 미래에 결혼도 해야 하고, 집도 사야 하고, 돈 쓸 때가 아주 많아. 지금부터 이렇게 돈을 헤프게 쓰면, 나중에 어떡하려고 하니? 지금 계획을 세우지 않는다면, 나중에 진짜 후회할 거야. 그때가 되면 이미 늦어. 잘 한 번 생각해 보도록 해.

단어:
- 典型 [diǎnxíng] 형 전형적인
- 消费 [xiāofèi] 명 소비
- 理财 [lǐcái] 명 재테크
- 管理 [guǎnlǐ] 동 관리하다
- 安排 [ānpái] 동 배치하다

Tip '大手大脚'는 '돈이나 물건을 헤프게 쓰다'의 의미의 성어이다. 반대말은 '小手小脚(xiǎoshǒuxiǎojiǎo)', 혹은 '精打细算(jīngdǎxìsuàn)'이다.

2

질문: 你的朋友最近身体状况很不好，但是因为工作太忙，他不想去医院做检查。请你劝服他去医院看病。

예시답안: 小明，最近你的身体真的不太好。我非常担心，我希望你可以去医院做个体检。我知道你的工作很忙，没有时间。但是我相信你也知道"身体是革命的本钱"，健康对我们来说最重要了。你不要把小病养成大病，到时候说不定就要住院，这样更浪费时间。你这样拖下去，可能会错过最佳的治疗时机。到时候恐怕就来不及了。听我的，去医院看看吧。我现在就帮你预约。

한글해석:
질문: 당신의 친구는 요즘 건강이 매우 안 좋습니다. 그러나 일이 너무 바빠서, 병원에 검사하러 가고 싶어하지 않습니다. 당신이 그를 병원에 가도록 설득하세요.
예시답안: 샤오밍, 요즘 너의 건강이 정말 좋지 않아. 난 너무 걱정이 돼. 네가 병원에 가서 진찰을 받으면 좋겠어. 나도 너의 일이 바빠서 시간이 없다는 것 잘 알아. 하지만 '건강이 최고다'라는 것을 알았으면 좋겠어. 건강은 우리에게 가장 중요한 것이야. 네가 작은 병을 크게 키우지 않았으면 좋겠어, 그때가 되면 입원을 해야 할지도 몰라, 이게 더 시간 낭비야. 네가 계속 이렇다면, 아마 가장 적합한 치료시기를 놓칠 수도 있어. 그때 되면 이미 늦었을 수도 있어. 내 말을 듣고 병원에 가봐. 지금 내가 예약해줄게.

단어:
- 体检 [tǐjiǎn] 명 건강검진
- 说不定 [shuōbúdìng] 부 아마
- 浪费 [làngfèi] 명 낭비
- 恐怕 [kǒngpà] 부 아마도
- 来不及 [láibùjí] 동 시간이 없다

Tip '身体是革命的本钱'는 '혁명을 하려면 건강해야 한다'는 의미로 '건강이 최고다'라는 중국 속담이다.

3

질문: 放暑假的时候，你想一个人去美国旅行。但是你的母亲反对你一个人去。请你说服你的母亲。

예시답안: 妈妈，我已经长大了，不是小孩子了。我真的可以一个人去美国，而且我的英语说得很好，衣食住行你都不用担心。我真的很想利用这次暑假去美国看看，增长一下见识。我还很年轻，应该多出去走走，多体验一下和经历一下一些事情。在旅行中，我还可以回顾一下自身，制定一下我的人生计划，想一想我的就业方向。

한글해석:
질문: 여름방학을 하면, 당신은 혼자 미국 여행을 가려고 합니다. 그러나 당신의 부모님이 혼자 여행 가는 것을 반대합니다. 부모님을 설득해 보세요.
예시답안: 엄마, 난 이미 다 컸어요, 어린아이가 아니에요. 얼마든지 혼자 미국에 갈 수 있어요, 그리고 영어도 잘하고요. 의식주도 걱정할 필요가 없어요. 나는 정말 이번 여름방학을 통해 미국에 가서 견해를 넓히고 싶어요. 나는 아직 어리기 때문에, 밖으로 많이 나가보고, 많이 경험해 보고, 경력을 쌓는 것이 좋아요. 여행 중에는, 나 자신을 뒤돌아 볼 수도 있고, 나의 인생계획을 짜 보며, 취업방향에 대해서도 생각해 볼 수 있어요.

단어:
- 暑假 [shǔjià] 명 여름방학
- 担心 [dānxīn] 명 걱정
- 利用 [lìyòng] 동 이용하다
- 体验 [tǐyàn] 명 체험
- 经历 [jīnglì] 동 경험하다

Tip '见识'는 '견문'이라는 뜻으로 '见识广'、'见识多'로 주로 활용된다. '增长见识'는 '견해를 넓히다'라는 뜻이다.

실전 모의고사 답안

> **第七部分：看图说话**

예시 답안

① 马上就要期中考试了，这次小明很努力。因为爸爸答应过他这次如果考第一名，就带他去济州岛旅行。
② 考试那天小明发挥得很好，心里非常高兴。几天后成绩出来了，他真的考了第一名。
③ 他把成绩单拿回家给爸爸看，爸爸高兴得马上预订了去济州岛的机票和酒店。爸爸夸小明真是个聪明懂事的孩子。
④ 但是出发那天，还没到机场呢，爸爸公司临时有事让他回去。小明的这次旅行就这样泡汤了。他十分伤心，忍不住哭了起来。

한글 해석

① 곧 중간고사 시험이다. 이번에 샤오밍은 열심히 하였다. 왜냐하면 아버지가 이번에 만약 1등을 하면 같이 제주도 여행가는 것을 약속했기 때문이다.
② 시험 당일 샤오밍은 실력 발휘를 제대로 해서 속으로 대단히 기뻤다. 며칠 후 성적이 나왔는데 그는 정말 1등이였다.
③ 그는 시험 성적표를 아버지께 보여주었다. 아버지는 기뻐서 바로 제주도 가는 항공편과 호텔을 예약하였다. 아버지는 샤오밍이 똑똑한 아이라고 칭찬해 주셨다.
④ 하지만 출발 당일, 공항에 도착하기도 전에 아버지 회사에서 연락이 와서 회사로 호출되었다. 샤오밍의 이번 여행은 물거품이 되었다. 그는 아주 속상한 나머지 참 수 없어 울었다.

단어
- 答应 [dāying] 동 승낙하다
- 考 [kǎo] 동 시험보다
- 发挥 [fāhuī] 동 발휘하다
- 懂事 [dǒngshi] 동 철이 들다
- 忍不住 [rěnbúzhù] 동 견딜 수 없다, 참을 수 없다

Tip '起来'는 복합방향보어로써 동작이나 상황이 시작이나 변화됨을 의미하며, '동사/형용사+起来' 형태로 활용된다.

예 通过手术, 他的病慢慢好起来了。
수술을 통해 그의 병은 점점 좋아지기 시작했습니다.

大家都很高兴, 在卡拉OK里唱起来了。
모든 사람들이 매우 즐거워서 노래방에서 노래를 부르기 시작했습니다.